家藏文库

郑板桥家书

〔清〕郑板桥 著　　陈书良　周柳燕 注评

中州古籍出版社
·郑州·

图书在版编目(CIP)数据

郑板桥家书 /（清）郑板桥著；陈书良，周柳燕注评 . —郑州：中州古籍出版社，2024.1
（家藏文库）
ISBN 978-7-5738-1065-6

Ⅰ.①郑… Ⅱ.①郑…②陈…③周… Ⅲ.①郑板桥（1693-1765）–书信集 Ⅳ.① K825.72

中国国家版本馆 CIP 数据核字（2023）第 237336 号

JIACANG WENKU：ZHENG BANQIAO JIASHU

家藏文库：郑板桥家书

出 版 人	许绍山
选题策划	卢欣欣
约稿统筹	卢欣欣
责任编辑	吕　玲
责任校对	刘丽佳
封面设计	王　歌
版式设计	曾晶晶

出 版 社	中州古籍出版社（地址：郑州市郑东新区祥盛街27号6层　邮编：450016　电话：0371-65723280）
发行单位	河南省新华书店发行集团有限公司
承印单位	河南新华印刷集团有限公司
开　　本	640 mm×960 mm　1/16
印　　张	14.75
字　　数	200千字
版　　次	2024年1月第1版
印　　次	2024年1月第1次印刷
定　　价	38.00元

本书如有印装质量问题，请联系出版社调换。

前　言

一

《郑板桥家书》是中国古代"齐家"文化的代表作。

儒家经典《礼记·大学》云:"心正而后身修,身修而后家齐,家齐而后国治,国治而后天下平。"意思是说,一个人要想立足于社会,首先要心意端正;只有端正了心意,才能讲究修身;只有自身修养好了,才能整治好家庭,进而才能治国,才能平定天下。这就是数千年来封建士大夫念念不忘的"修、齐、治、平"的原则。其中"齐家"是一个重要的环节。究其原因,则是因为在中国的封建社会中,家庭、家族一直占有十分重要的地位。封建社会的皇权统治,实质就是以血缘关系为中心的家族统治。父子相传,世代相袭,封建皇权就是这样延续着它的悠悠命脉。而皇权的更替,说到底是家族的更替,封建社会就是这样走过了数千年的风雨岁月。

中华民族是一个重文的民族,在"齐家"方面非常强调思想文化内蕴,并因此衍生了丰富的"齐家"文化;而其中形形色色的家书又占据十分重要的地位。据《后汉书·马援列传》载,东汉名将马援就写过

《诫子书》，告诫他的侄子"刻鹄不成尚类鹜""画虎不成反类狗"，要好好学习做人。蜀汉名相诸葛亮在其《诫子书》中则语重心长地谈到自己的人生体验："非淡泊无以明志，非宁静无以致远。"哲人隽语，千载流传。到南北朝则石破天惊，出现了我国第一部"家训"形式的著作《颜氏家训》，作者颜之推在书中述时忆往，谈文论学，挥洒翰墨，吐属烟霞。承颜氏余绪，至清代则家书家训蔚然成风，蔚成大国，如纪晓岚、林则徐、曾国藩、张之洞、左宗棠、李鸿章等都有家书传世。历代士人或居庙堂之高，或处江湖之远，或戎马倥偬，或客居羁旅，往往搦翰摅怀，以贻子弟。由此创作的作品，一方面，作者秉之以诚，发之以情，饱含殷切的期望，谆谆嘉惠以春风春雨，用心良苦，以真面目示人；另一方面，这些家书内容丰富，谈时事则风云变幻都来笔底，论学问则亲躬行知弥足珍贵，述起居则言简意赅具见哲理，说交游则阅尽沧桑洞悉世态，教子弟则告诫劝勉尽显真情，其中可以领略到书信作者的胸怀抱负、情操气节，更可涵泳他们的雅致品格、兴趣爱好。这当然是一些优秀家书被一代一代辗转抄录、梨梓传刊，为广大人民所珍视庋藏的原因。《郑板桥家书》正是其中的上乘之作。

二

郑燮（1693—1765），号板桥，江苏兴化人，清代杰出的艺术家，"扬州八怪"之一。郑板桥的名字，在人民群众中并不陌生。人们对他的多才多艺津津乐道：他是一位著名画家，所画兰竹，摇曳多姿，名播中外；他又是著名书法家，自创的"六分半书"熔真、草、隶、篆于一炉，现在也还有人学"板桥体"；他的诗词、道情也很出色，"老渔翁，一钓竿，靠山崖，傍水湾"，至今人们还在口头传唱；他的家书亦庄亦谐，妙语连珠，领异标新。郑板桥像苏东坡、徐青藤一样，是中国历史上为数不多的具有多种天赋的人物。无疑，这样的灵魂永远魅力四射，是我们民族文化史上值得自豪的至宝。

家书的受方主要是板桥的堂弟郑墨。郑墨，字五桥，是板桥的叔父之标先生的独生子，他比板桥小二十五岁。板桥没有同胞兄弟，只有这个堂弟，他们从小一块玩耍，感情很深。雍正十一年（1733）初，郑墨的父亲病殁。不久，板桥旅居海陵，准备第二年入京考试的功课，曾作有《怀舍弟墨》一诗。诗中说，"离家一两月，念尔不能忘"，担心堂弟年幼，经不住磨难而加以慰勉。全诗字里行间充满了板桥对郑墨的挚爱之情："我无亲兄弟，同堂仅二人。上推父与叔，岂不同一身？"两人的手足深情，从以后的大量事实中可以看到。郑墨是一位憨厚勤谨的读书人，板桥对他寄以兴家的厚望："老兄似有才，苦不受绳尺；贤弟才似短，循循受谦益……起家望贤弟，老兄太浮夸。"板桥看出小弟同自己不是一类之才，便不以仕途经济文学艺术相劝进，而是以治家的重任相托。后来的事态发展也证明了板桥的明智。日后板桥赴任山东，郑墨只手撑家，举凡卜宅、买地、侍嫂、教侄，事无巨细，勉力操持，既表现出治家长才，同时也表现出全力支持乃兄事业的自我牺牲精神。乾隆十四年（1749），司徒文膏刻板的《郑板桥家书》就是板桥在外客居或仕宦时，同在兴化主持家计的郑墨，弟兄间互通音问、纵谈人生、讨论学问、商量家事的日常记录。

我们增补的家书，受方除郑墨外，还有内子、麟儿、文弟、郝表弟等，这里需要略作说明。板桥的婚姻状况是"娶徐氏、郭氏，侧饶氏"。徐氏早亡，郭氏是继配，饶氏是妾。故我们所收《仪征客舍寄内子》《潍县署中寄内子》，受方都是郭氏夫人。板桥有子犉儿，为徐氏所生，不幸早岁夭亡；五十二岁时，饶氏生一子，五岁就早夭了。后有嗣子郑田，

《潍县署中谕麟儿》即是指嗣子郑田而言。至于文弟、郝表弟，都应该是板桥的叔伯、姑表兄弟。

诚如郑板桥夫子自道："板桥十六通家书，绝不谈天说地，而日用家常，颇有言近指远之处。"（《板桥自叙》）《郑板桥家书》所涉及的内容是相当广泛的，除了有些地方表现了板桥热衷功名、对八股文情有独钟外，主要表现出郑板桥卓然异于流俗的思想。如平等观念，板桥主张要"爱人"，进而认为王侯将相并非天生龙种，他们与一般下层人并无多大区别，也应该是平等的。（《雍正十年杭州韬光庵中寄舍弟墨》）又如天道循环观，板桥近乎迂腐地笃信"彼祖宗贫贱，今当富贵，尔祖宗富贵，今当贫贱"。（《雍正十年杭州韬光庵中寄舍弟墨》）再如农本思想，板桥甚至对天上的星宿进行了一番考究："织女，衣之源也；牵牛，食之本也。在天星为最贵，天顾重之，而人反不重乎！其务本勤民，呈象昭昭可鉴矣。"（《范县署中寄舍弟墨第四书》）据此他在与郑墨的书信中再三强调农耕女工之事。关于板桥家书的思想成就，在每通书信的后面，我们都试图钩稽史实，用历史辩证法的观点加以评析，此处无须赘言，仅就其艺术特色略作说明。

其一，快人快语，直抒胸臆。明清以降，尺牍简札风靡一时，其中出类拔萃者甚夥，然大都以风流蕴藉见长，如板桥家书者却不多见。板桥家书融政论、诗论、史论、文论、家训为一炉，信手拈来，有话即长，无话则短，不做作，不文饰，快人快语，直抒胸臆，无不可道之言，无不可言之事。如他认为："论文，公道也；训子弟，私情也。"在这个前提下，他不愿子弟学韩非、商鞅、晁错刻削之文，褚遂良、欧阳询孤峭之书，以及孟郊、贾岛、李贺寒瘦鬼怪之诗。他迂阔而坦率地承认这都是从子孙的富贵寿考着想，"私也，非公也"。（《仪真县江村茶社寄舍弟》）观点正确与否当然可以商榷，但这正是板桥家书的可爱之处，也是其魅力所在。

其二，明白晓畅，如与人语。明清士人书读得多，于是炫耀学问、卖弄高深、掉书袋就成了他们书札的通病。板桥却迥然不同。我们试看如："又有五言绝句四首，小儿顺口好读，令吾儿且读且唱，月下坐门槛上，唱与二太太、两母亲、叔叔、婶娘听，便好骗果子吃也。"（《潍县寄舍弟墨第三书》）行文如同口语，神气毕肖，真可谓十八世纪的白话文。

板桥曾书联自道其创作甘苦云："删繁就简三秋树，领异标新二月花。"将它移为其家书的评语也是很恰当的。《松轩随笔》云："（板桥诗词）与集中家书数篇，皆世间不可磨灭文字。"正是指板桥这种"领异标新"、卓然异于流俗的文风而言。

三

乾隆十四年（1749），板桥亲自编选文集，内含《与舍弟书十六通》，由门人司徒文膏刻梓印行。这当然是最靠得住的板桥家书。1983 年，兴化郑板桥纪念馆得到《郑板桥集》原板，并据此线装重印，第四册即《家书》。本书影印兴化郑板桥纪念馆刻印本《郑板桥集》中的十六通家书，该本亦即乾隆十四年司徒文膏刻板。应该说，这是一本非常难得的善本。该本刻印极精，刀锋转折十分圆润有力，传神地再现了板桥"六分半书"的狂怪风姿。从这方面说，这本书不仅是庋藏珍品，而且也为板桥书法爱好者提供了很好的观摹范本。为便于一般读者阅读，我们在每通书信的后面附有评析文字，并摘录了信中的名句。评析中，我们考证了每通书信的写作背景，并对其思想成就作了力所能及的阐述。

关于板桥的家书问题，1936 年，上海中央书店出版的《郑板桥家书》称："兹在三山某藏书家，觅得先生家书一厚册，后有附志，云从先生后裔处借本抄录，则洵非赝鼎矣。"此书收录六十二通书信（不都是家书），其中除司徒文膏已刊之十六通家书外，四十六通是从未发表过的。七十年来，学界对此问题褒贬不一，沸沸扬扬。当代学者卞孝萱先生《〈郑板桥家书〉四十六通辨伪》（《松辽学刊》1984年1期）力辩其非，从事实不符、思想不同、语言不合诸方面揭露上海中央书店本《郑板桥家书》中新增的四十六通书信是赝品，言之有据，足为一家之言。然而我们认为，这些书信虽然板桥没有亲自编入家书，但也没有加以否认，考之以内容及行文语气，不能轻易否定，且其亦具有一定的参考价值。从这个角度考虑，吴泽顺整理的《郑板桥集》（岳麓书社2002年版）就编入了"家书十六通"以外的四十四通家书。我们赞赏吴泽顺先生的考虑，故在编辑这本《郑板桥家书》时，将其列为增补家书，附以简注，一并编入。囿于学识及史料的不足，谬误当在所难免，敬祈十方大德，不吝赐正。

陈书良　周柳燕
2022年春月

目 录

十六通家书小引 …………………………………… 1

十六通家书

雍正十年杭州韬光庵中寄舍弟墨 ………………… 5

焦山读书寄四弟墨 ………………………………… 9

仪真县江村茶社寄舍弟 …………………………… 12

焦山别峰庵雨中无事书寄舍弟墨 ………………… 17

焦山双峰阁寄舍弟墨 ……………………………… 22

淮安舟中寄舍弟墨 ………………………………… 25

范县署中寄舍弟墨 ………………………………… 29

范县署中寄舍弟墨第二书 ………………………… 32

范县署中寄舍弟墨第三书 ………………………… 35

范县署中寄舍弟墨第四书 ………………………… 39

范县署中寄舍弟墨第五书 ………………………… 44

潍县署中寄舍弟墨第一书 ………………………… 49

潍县署中与舍弟墨第二书	53
潍县寄舍弟墨第三书	60
潍县寄舍弟墨第四书	64
潍县署中与舍弟第五书	66

增补家书

与四弟书	73
与墨弟书	74
焦山读书覆墨弟	75
焦山别峰庵覆四弟墨	77
寄墨弟自焦山发	79
仪征客邸覆文弟	80
再覆文弟	82
仪征客舍寄内子	84
范县署中寄郝表弟	85
范县署中寄郝表弟	87
范县署中覆郝表弟	89
范县署中寄四弟墨	90
范县署中覆四弟墨	92
再覆四弟墨	93
范县署中寄舍弟墨	94
潍县署中寄舍弟墨	96
潍县署中寄四弟墨	98

潍县署中覆四弟墨 ………………………………………… 99

潍县署中寄四弟墨 ………………………………………… 101

潍县署中寄墨弟 …………………………………………… 103

潍县署中寄墨弟 …………………………………………… 104

潍县署中寄四弟 …………………………………………… 105

潍县署中寄四弟墨 ………………………………………… 107

潍县署中寄四弟墨 ………………………………………… 109

又寄四弟墨 ………………………………………………… 111

潍县署中寄四弟墨 ………………………………………… 112

潍县署中寄墨弟 …………………………………………… 113

潍县署中寄四弟墨 ………………………………………… 115

潍县署中寄墨弟 …………………………………………… 117

潍县署中寄墨弟 …………………………………………… 118

潍县署中寄四弟墨 ………………………………………… 119

潍县署中寄四弟墨 ………………………………………… 120

潍县署中寄墨弟 …………………………………………… 121

潍县署中寄四弟 …………………………………………… 123

潍县署中寄内子 …………………………………………… 124

潍县署中寄四弟 …………………………………………… 126

潍县署中寄四弟 …………………………………………… 128

潍县署中寄内子 …………………………………………… 130

潍县署中谕麟儿 …………………………………………… 132

潍县署中寄四弟 …………………………………………… 133

潍县署中寄四弟 …………………………………………… 134

潍县署中谕麟儿 …………………………………… 136

再谕麟儿 ……………………………………………… 137

潍县署中寄四弟墨 …………………………………… 139

附录　十六通家书手稿影印

十六通家书小引

板桥诗文,最不喜求人作叙。求之王公大人,既以借光为可耻;求之湖海名流,必至含讥带讪,遭其荼毒而无可如何,总不如不叙为得也。几篇家信,原算不得文章,有些好处,大家看看;如无好处,糊窗糊壁,覆瓿覆盎①而已,何以叙为!

郑燮自题,乾隆己巳②。
十六通家书小引③,司徒文膏④刻。

[注释]

①覆瓿(bù)覆盎:谦称自己的文章写得不好,只配用来盖瓦罐子。瓿、盎,均为陶制器皿,小口、广腹,俗称"瓦罐"。

②乾隆己巳:乾隆十四年(1749)。

③小引:小序。

④司徒文膏:郑板桥的门人。

十六通家书

雍正十年杭州韬光庵中寄舍弟墨

【箴言】

　　一旦奋发有为，精勤不倦，有及身而富贵者矣，有及其子孙而富贵者矣，王侯将相岂有种乎！

　　谁非黄帝尧舜之子孙。而至于今日，其不幸而为臧获①，为婢妾，为舆台、皂隶②，窘穷迫逼，无可奈何。非其数十代以前即自臧获、婢妾、舆台、皂隶来也。一旦奋发有为，精勤不倦，有及身而富贵者矣，有及其子孙而富贵者矣，王侯将相岂有种乎！而一二失路名家③，落魄贵胄，借祖宗以欺人，述先代而自大。辄曰："彼何人也，反在霄汉；我何人也，反在泥涂。天道不可凭，人事不可问！"嗟乎！不知此正所谓天道人事也。天道福善祸淫，彼善而富贵，尔淫而贫贱，理也，庸何伤？天道循环倚伏，彼祖宗贫贱，今当富贵，尔祖宗富贵，今当贫贱，理也，又何伤？天道如此，人事即在其中矣。

　　愚兄为秀才时，捡家中旧书簏④，得前代家奴契券，即于灯下焚去，并不返诸其人。恐明与之，反多一番形迹，增一番愧恧⑤。自我用人，从不书券，合则留，不合则去。何苦存此一纸，使吾后世子孙，借为口实，以便苛求抑勒乎！如此存心，是为人处，即是为己处。若事事预留把柄，使入其网罗，无能逃脱，其穷愈速，其祸即来，其子孙即有不可问之事、不可测之忧。试看世间会打算的，何曾打算得别人一点，直是算尽自家耳！可哀可叹，吾弟识之。

[注释]

①臧获：奴婢的辱称。汉扬雄《方言》载，荆淮海岱（湖北、湖南、江浙、山东）一带，男奴隶称"臧"，女奴隶称"获"。

②舆台、皂隶：衙役。《左传·昭公七年》载，上古人分十等：王、公、大夫、士、皂、舆、隶、僚、仆、台，后六等都是社会地位低下的人。

③失路名家：潦倒落魄的名门子弟。

④篓（lǔ）：用竹篾、柳条或藤条编成的盛器。

⑤愧恧（nǜ）：惭愧。

[评析]

雍正十年壬子（1732）秋，40岁的板桥赴南京参加乡试。南京是清时江南士子应举的地方。明清时人们称顺天（北京）乡试为北闱、江南（南京）乡试为南闱。按清朝规定，被童试录取，得到秀才资格的人可以参加乡试（省考）。乡试合格，考中举人，可以上京会试。会试中了，取得贡士资格，可以参加殿试。殿试及第，就是进士，前三名依次称状元、榜眼、探花。

板桥于康熙五十一年壬辰（1712，时年20岁）前后考取秀才，有参加乡试的资格。他此次能成行，得力于当时的兴化县令汪芳藻。据咸丰《重修兴化县志》卷六记载，汪芳藻，字蓉洲，休宁贡生。雍正九年（1731）由教习知县事，当了三年兴化县令，政声、民望皆佳，学问也很好，工诗及骈体文。汪芳藻就任兴化县令这一年，与板桥甘苦与共的徐夫人病殁，家境的举步维艰，加之丧妻的刻心之痛，使板桥几近绝望。他于无奈中写下《除夕前一日上中尊汪夫子》，坦陈自己的穷酸境况："琐事贫家日万端，破裘虽补不禁寒。瓶中白水供先祀，窗外梅花当早餐。结网纵勤河有沍，卖书无主岁偏阑。"并恳切呼吁："明年又值抢才会，愿向秋风借羽翰。"汪芳藻慧眼识英才，赠给板桥足够的银两，使他信心十足地踏上南京乡试之路。这是板桥的第一次南京之行。

参加完科举考试，他顺便游览了杭州，住处是北山的韬光庵。韬光庵因唐代高僧韬光结庵得名，四周景色怡人。庵内老僧松岳道行很高，已有十年不曾出山了，对板桥照顾得很周到。板桥亦有不少画相赠。其时，板桥已经闻知自己考中了举人。故此信行文徐缓，有气定神闲之态。

这封信提出了一个关于人格平等的问题，可以从以下几个层面来理解：

其一，出身无高低贵贱之分。身份低贱的人，不是血统低贱，他们同样是"黄帝尧舜之子孙"。富贵人家的后代沦落为贫贱之人，贫贱人家的后代上升为富贵之辈，这正是天道循环反复的自然规律。一些"失路名家""落魄贵胄"借祖宗妄自尊大、怨天尤人，甚至欺凌他人，真是愚蠢可笑的。

其二，改变命运要靠"奋发有为"。人的卑微、高贵并非天定不变，天道人事发展变化的关键是个人的"奋发有为"。穷苦贫贱之人要富贵显达，就要发奋努力；富贵显达之辈要保住已有的生活，同样要发奋努力。

其三，"善而富贵""淫而贫贱"。板桥将家里收藏的家奴契约悄悄烧毁，既是为了照顾别人，使人家不至于产生愧疚之情，也是为了照顾自己，使子孙后代没有凭证以殃及他人。否则，贫穷、祸害、忧患会加速到来。反之，心存忠厚方可求得富贵，永世安宁。

其四，对于人的命运而言，富贵与贫贱存在着辩证关系；对于行事而言，"为人处"与"为己处"亦存在着辩证关系。这种认识体现了作者朴素的辩证思想。

　　作为封建时代的知识分子,板桥能对社会发展规律有如此清醒的认识,并正确引导子弟,是难能可贵的。信中用宿命论来解释复杂的社会现象,当然是作者的阶级局限性和时代局限性使然,但归结到"劝人为善"这一立足点,就不应过于苛责了。

焦山读书寄四弟墨

【箴言】

　　僧人……即吾中国之父兄子弟，穷而无归，入而难返者也。削去头发便是他，留起头发还是我。

　　僧人遍满天下，不是西域①送来的。即吾中国之父兄子弟，穷而无归，入而难返者也。削去头发便是他，留起头发还是我。怒眉瞋目，叱为异端而深恶痛绝之，亦觉太过。佛自周昭王时下生，迄于灭度②，足迹未尝履中国土，后八百年而有汉明帝，说谎说梦③，惹出这场事来，佛实不闻不晓。今不责明帝，而齐声骂佛，佛何辜乎？况自昌黎辟佛④以来，孔道大明，佛焰渐息，帝王卿相，一遵"六经""四子"之书，以为齐家治国平天下之道，此时而犹言辟佛，亦如同嚼蜡而已。和尚是佛之罪人，杀盗淫妄、贪婪势利，无复明心见性⑤之规。秀才亦是孔子罪人，不仁不智，无礼无义，无复守先待后⑥之意。秀才骂和尚，和（上）〔尚〕亦骂秀才。语云："各人自扫阶前雪，莫管他家屋瓦霜。"老弟以为然否？偶有所触，书以寄汝，并示无方师⑦一笑也。

[注释]

　　①西域：汉时对玉门关（今甘肃敦煌西北）以西地区的通称，后指经过西域所能到达的地方。这里指佛教发源地印度。

②灭度：佛教语，谓僧人死亡，意同"涅槃"。

③说谎说梦：《魏书·释老志》载，东汉明帝夜梦金人，大臣傅毅认为此金人即"佛"，明帝派郎中蔡愔等出使西域，取得佛经四十二章和释迦立像。谎，《说文解字》："梦言也。"

④昌黎辟佛：指韩愈著文倡导儒学，批评佛教，有《谏迎佛骨表》等文章。昌黎，即韩愈，字退之，自谓郡望昌黎，世称"韩昌黎"，唐代文学家。

⑤明心见性：佛教禅宗派说法，认为佛在人心中，人一旦"明心"（觉悟），就会"见性"，即获得最高的佛性。

⑥守先待后：《孟子·滕文公下》："守先王之道，以待后之学者。"

⑦无方师：和尚，郑板桥的好友。

[评析]

按清朝规定，乡试、会试每三年举行一次，会试在乡试的第二年进行。

板桥于雍正十年壬子（1732）秋考中举人，翌年逢癸丑科会试，按理他可以参加，却没有应试，这恐怕与他的叔父省庵先生去世有关。中国古代有这样的礼节：父母死了，儿子要为之守丧，不治外事，叫"居忧"。板桥三岁丧母，三十岁失父，只有一个叔父，而且省庵先生平日待板桥很好："有叔有叔偏爱侄，护短论长潜覆匿。"（《七歌》）因而，板桥为之执"居忧"之礼。为迎接来年的丙辰科会试，板桥于雍正十三年（1735）赴镇江焦山攻书。这是他进入中年后第二次专心读书的时期，第一次是七年前在兴化天宁寺为参加乡试攻读经书，研习制艺。

焦山位于历史上有名的江南古城镇江东北的大江中，山高七十多米，原名"樵山"，因古代山上只有樵夫光顾，十分荒凉，故有此称。东汉末年焦光三次拒召为官，隐居在此，遂改称"焦山"。板桥在焦山读书期间，先居别峰庵，后住双峰阁。这封信与以下三封信都写于此时。

自唐代韩愈（昌黎）力辟佛教以来，历代都有些自视为儒学正宗的读书人视佛教为仇雠，甚至不分青红皂白，凡佛门中人皆非之。

板桥跳出了这种狭隘的门户之见。这封信谈到对待和尚的两种截然不同的态度时，抛开了儒佛之争，而着眼于社会学的问题：如何对待作为普通"人"的和尚。

首先，他认为和尚也是人，"削去头发便是他，留起头发还是我"，都是"吾中国之父兄子弟"。板桥对世人"怒眉瞋目，叱为异端而深恶痛绝之"的做法感到不满，这是他从贫穷之人的角度看待和尚，认为和尚是因为生活没有出路才出家，出了家又失去了做普通人的权利，受到很多约束，更需要人们的同情和关心。这种态度和他对穷苦百姓的态度是一致的，体现了人本主义的平等思想。此外，不少和尚文化素养很高，板桥一生都爱与和尚交朋友，与他们过往甚密，交情颇深，甚至把他们引为知己。如他与无方上人的交往，他们初识在庐山，板桥第二次进京又专程拜访，"一见空尘俗，相思已十年"（《赠瓮山无方上人》），其殷殷之情可见。这是一方面。其次，板桥对当时社会上那些"杀盗淫妄""贪婪势利""不仁不智""无礼无义"的无行和尚和浅薄文人进行尖锐的讽刺和无情的鞭挞。这是板桥作为一个正直的读书人，以此发泄他对现实黑暗的不满和痛恨的方式。其实，这两种态度并不矛盾，它们出现在同一封书信里，不仅可以真实地再现具有独特个性的郑板桥那种爱憎分明的是非观念，而且能够让我们体察到作者那种明快而真切的文章风格，即毫不掩饰地发常人之未敢发之声、抒常人之未敢抒之情，读来令人痛快淋漓。

仪真县①江村茶社寄舍弟

【箴言】

　　吾弟为文，须想春江之妙境，把先辈之美词，令人悦心娱目，自尔利科名，厚福泽。

　　江雨初晴，宿烟收尽，林花碧柳，皆洗沐以待朝暾②；而又娇鸟唤人，微风叠浪，吴、楚诸山，青葱明秀，几欲渡江而来。此时坐水阁上，烹龙凤茶③，烧夹剪香，令友人吹笛，作《落梅花》④一（美）〔弄〕，真是人间仙境也。

　　嗟乎！为文者不当如是乎？一种新鲜秀活之气，宜场屋⑤，利科名，即其人富贵福泽享用，自从容无棘刺。王逸少⑥、虞世南⑦书，字字馨逸，二公皆高年厚福。诗人李白，仙品也；王维，贵品也；杜牧，隽品也。维、牧皆得大名，归老辋川、樊川，车马之客，日造门下。维之弟有缙，牧之子有荀鹤，又复表表⑧后人。惟太白长流夜郎⑨，然其走马上金銮，御手调羹，贵妃侍砚，与崔宗之著宫锦袍游遨江上，望之如神仙。过扬州未匝月⑩，用朝廷金钱三十六万，凡失路名流、落魄公子，皆厚赠之，此其际遇何如哉！正不得以夜郎为太白病。先朝董思白⑪，我朝韩慕庐⑫。皆以鲜秀之笔，作为制艺⑬，取重当时。思翁犹是庆、历规模，慕庐则一扫从前，横斜疏放，愈不整齐，愈觉妍妙。二公并以大宗伯⑭归老于家，享江山儿女之乐。方百川⑮、灵皋⑯两先生，出慕庐门下，学其文而精思刻酷过之；然一片怨词，满纸凄调。百川早世，灵皋晚达，其崎岖屯难亦至矣，皆其文之所必致也。吾弟为文，须想春江之妙境，挹先辈之美词，令人悦心娱目，自尔利科名，厚福泽。

或曰：吾子论文，常曰生辣，曰古奥，曰离奇，曰澹远，何忽作此秀媚语？余曰：论文，公道也；训子弟，私情也。岂有子弟而不愿其富贵寿考者乎！故韩非、商鞅、晁错之文⑰，非不刻削⑱，吾不愿子弟学之也；褚河南⑲、欧阳率更⑳之书，非不孤峭，吾不愿子孙学之也；郊寒岛瘦㉑，长吉鬼语㉒，诗非不妙，吾不愿子孙学之也。私也，非公也。

是日许生既白㉓买舟系阁下，邀看江景，并游一戗港㉔。书罢，登舟而去。

[注释]

①仪真县：古县名。今江苏仪征。

②暾（tūn）：初升的太阳。

③龙凤茶：制成龙凤状的团茶，宋时为贡品。

④《落梅花》：汉乐府横吹曲名，也称《梅花落》。

⑤场屋：科举时代考试士子的考场。

⑥王逸少：王羲之，字逸少，东晋书法家。

⑦虞世南：字伯施，唐代书法家。

⑧表表：卓异，不寻常。

⑨长流夜郎：《新唐书·李白传》载，李白受永王李璘牵连，被朝廷流放夜郎（治今贵州桐梓北），中途遇赦返回。

⑩匝月：满一个月。匝，满。

⑪董思白：董其昌，字玄宰，号思白，明代书画家。

⑫韩慕庐：韩菼，字元少，别字慕庐，官至礼部尚书。

⑬制艺：也称时艺、时文，此处指八股文。

⑭大宗伯：礼部尚书的别名。

⑮方百川：方舟，字百川，清代安徽桐城人，以八股文闻名于世。三十七岁去世。

⑯灵皋：方苞，字灵皋，方舟之弟。清代散文家，桐城古文派的创始人。六十四岁方任官左中允。

⑰"故韩非"句：言三人都善写论辩文。韩非，战国时韩国没落贵族，法家代表人物，被谗下狱而死。商鞅，战国时卫国人，帮助秦孝公变法，后被车裂而死。晁错，西汉文帝、景帝时人，积极主张削弱诸侯势力，后被杀死。

⑱刻削：雕刻与刮削，喻为文精练。

⑲褚河南：褚遂良，唐代书法家。曾封河南郡公，世称"褚河南"。武则天时被贬远域，忧愤而死。

⑳欧阳率更：欧阳询，唐代书法家。曾任太子率更令，世称"欧阳率更"。

㉑郊寒岛瘦：后人评价中唐诗人孟郊、贾岛诗歌风格之语。二人均以"苦吟"著称，风格凄苦清寒。

㉒长吉鬼语：中唐诗人李贺其诗奇诡，多涉鬼神。宋代严羽在《沧浪诗话》中称其为"鬼才"。李贺，字长吉，长于歌诗，尤精熟乐府。

㉓许生既白：许既白，郑板桥的学生。

㉔戗（qiāng）港：疑为地名。

[评析]

板桥在焦山读书期间，受学生许既白的邀请，重游了仪真江村。这封信就是这时写的，时间是雍正十三年（1735）夏。

江村与焦山隔水相望，那里是板桥曾经设席教书的地方。康熙五十四年（1715），二十三岁的板桥与徐氏结了婚，后生有两女一男。日益加重的经济负担，迫使他不得不辍学谋生。他曾经到扬州卖画，但他的画立意高雅，不为世俗所重，又没有什么名气，收入很不理想。他只好决定像父亲立庵先生那样，靠教馆养家。在康熙五十六或五十七年，板桥二十五六岁时，来到仪真的江村教馆。

事实上，板桥对教馆生活是感到痛苦和羞辱的，他认为"读书—科举—做官"才是实现他"修齐治平"之志的正途，他热衷科举，渴望出仕。此外，板桥性格独立，而需要仰人鼻息的教馆先生身份与他的个性格格不入。这些使板桥陷入深深的矛盾、痛苦之中。他在步入仕途后，常常回忆这段生涯，曾根据当时流行的《教馆诗》略加改动，追述那时的教馆生活："教馆本来是下流，傍人门户度春秋。半饥半饱清闲客，无锁无枷自在囚。课少父兄嫌懒惰，功多子弟结冤仇。而今幸得青云步，遮却当年一半羞。"板桥尽管厌恶教馆生活，但对江村的山光水色、风土人情颇感惬意。在《寄许生雪江三首》（其三）中他写道："不舍江干趣，年来卧水村。云揉山欲活，潮横雨如奔。稻蟹乘秋熟，豚蹄佐酒浑。野人欢笑罢，买棹会相存。"把江村新鲜活泼的景色和人情表现得栩栩如生。离开江村后，板桥劳碌奔波，无缘再去，但他仍十分怀念那里的朋友和纯朴的生活，在和旧日学生的书信往来中，他表达了对江村的一往情深。

这次板桥得许生相邀，重游旧地，其心情是可想而知的。这封信开头那段"几欲渡江而来"的江山妙境和"人间仙境"般的游览活动的描写，就是其心情的生动再现。

当然，板桥写这封信的目的并不是为了表现美景和游趣，而是他借此阐发自己对于制艺文章的看法："为文，须想春江之妙境。"所谓"为文，须想春江之妙境"，是说写出令人"悦心娱目"的作品，可以带来好运，让人一生享受富贵安逸，没有挫折；创作哀怨凄凉、牢骚满腹的作品，则使人难免陷入困厄之境，一生遭遇艰难坎坷。因为板桥刚刚结束了长时间的应试训练并取得了令人满意的效果，所以他着眼点是"宜场屋，利科名"的馆阁体文章。他列举了不少例子来证明这一点：王羲之、虞世南书法飘逸芳馨，二人都长寿厚福；王维、杜牧是贵人、才人的资质，二人都声名显赫，晚辈优秀；李白是仙人的资质，有过"御手调羹，贵妃侍砚"的非同凡人的生活；董思白、韩慕庐用笔新鲜妍秀，二人都以显位告老还乡；而方百川、方灵皋作文满纸哀怨凄凉，他们或英年早逝，或晚年才显达。他希望子弟学习王羲之、虞世南等人，这样于富贵有帮助，于寿考有益处；他不希望子弟学习韩非子、商鞅、晁错等人，那样于富贵寿考有害无益。

客观地说，板桥在这封信中所发的议论都是以馆阁制文亦即八股文的要求来立论的。这一观点与他的创作理论和实践是互相矛盾的，关于这一点，板桥自己也意识到了：文章的"生辣""古奥""离奇""澹远"与制艺要求的"秀媚"往往南辕北辙。不过，他对这一矛盾的解释很有意思："论文，公道也；训子弟，私情也。"原来板桥用不同的标准来区分文艺创作与应试文章不同的内容和风格，对象不同，训导也相异。何况这是一封诲子弟课读仕进的家书，不同于其他写给众人看的文章，它面对的是亲人，传递的是一份关心慰藉，一份嘱托教导，一份温馨祝福。诚如信中所言："岂有子弟而不愿其富贵寿考者乎！"板桥的良苦用心是容易得到理解的。

焦山别峰庵雨中无事书寄舍弟墨

【箴言】

　　孔子烧其可烧，故灰灭无所复存，而存者为经，身尊道隆，为天下后世法。

　　"四书"之上有"六经"，"六经"之下有《左》《史》《庄》《骚》，贾、董策略，诸葛表章，韩文、杜诗而已，只此数书，终身读不尽，终身受用不尽。至如"二十一史"，书一代之事，必不可废。

秦始皇烧书，孔子亦烧书。删《书》断自唐、虞，则唐、虞以前，孔子得而烧之矣。《诗》三千篇，存三百十一篇，则二千六百八十九篇，孔子亦得而烧之矣。孔子烧其可烧，故灰灭无所复存，而存者为经，身尊道隆，为天下后世法。始皇虎狼其心，蜂虿①其性，烧经灭圣，欲剜天眼②而浊人心，故身死宗亡国灭，而遗经复出。始皇之烧，正不如孔子之烧也。

自汉以来，求书著书，汲汲③每若不可及。魏、晋而下，迄于唐、宋，著书者数千百家。其间风云月露之辞，悖理伤道之作，不可胜数，常恨不得始皇而烧之。而抑又不然，此等书不必始皇烧，彼将自烧也。昔欧阳永叔④读书秘阁中，见数千万卷，皆霉烂不可收拾。又有书目数十卷亦烂去，但存数卷而已。视其人名皆不识，视其书名皆未见。夫欧公不为不博,而书之能藏秘阁者,亦必非无名之子。录目数卷中,竟无一人一书识者,此其自焚自灭为何如!尚待他人举火乎?近世所存汉魏晋丛书、唐宋丛书、《津逮秘书》、《唐类函》、《说郛》、《文献通考》、杜佑《通典》、郑樵《通志》之类,皆卷册浩繁、不能翻刻,数百年兵火之后,十亡七八矣。

刘向《说苑》《新序》,《韩诗外传》,陆贾《新语》,(杨)〔扬〕雄《太玄》《法言》,王充《论衡》,蔡邕《独断》,皆汉儒之矫矫者也。虽有些零碎道理,譬之"六经",犹苍蝇声耳,岂得为日月经天,江河行地哉!吾弟读书,"四书"之上有"六经","六经"之下有《左》《史》《庄》《骚》,贾、董策略⑤,诸葛表章,韩文、杜诗而已,只此数书,终身读不尽,终身受用不尽。至如"二十一史"⑥,书一代之事,必不可废。然魏收秽书⑦、宋子京《新唐书》,简而枯;脱脱⑧《宋书》,冗而杂。欲如韩文、杜诗脍炙人口,岂可得哉!此所谓不烧之烧,未怕秦灰,终归孔炬耳。"六经"之文,至矣尽矣,而又有至之至者:浑沦磅礴⑨,阔大精微,却是家常日用,《禹贡》、《洪范》⑩、《月令》⑪、"七月流火"⑫是也。当刻刻寻讨贯串,一刻离不得。张横渠⑬《西铭》⑭一篇,巍然接"六经"而作,呜呼休哉!

雍正十三年五月廿四日,哥哥字。

[注释]

①虿(chài):蝎类毒虫。

②天眼:佛教语,佛教认为"天眼"能观过去和将来。

③汲汲:心情急切的样子。

④欧阳永叔：欧阳修，字永叔，号醉翁、六一居士，北宋文学家。

⑤贾、董策略：指西汉贾谊、董仲舒的政论文。

⑥"二十一史"：明万历年间，国子监把宋、辽、金、元"四史"和宋英宗时经过辑佚、补缺后刊刻的"十七史"合刻，称"二十一史"。

⑦魏收秽书：北齐史学家魏收，奉诏编撰《魏书》，借机收录和褒扬其亲友事迹，并多方贬抑与自己不合之人，后人讥讽其所撰《魏书》为"秽史"。

⑧脱脱：字大用，元代政治家、军事家，曾主持修撰宋、辽、金三史。

⑨浑沦磅礴：语出扬雄《太玄》"昆仑旁薄"，意为天地广阔无边，无所不为覆盖。

⑩《禹贡》《洪范》：《尚书》中的篇目。

⑪《月令》：《礼记》中的篇目。

⑫"七月流火"：《诗经·豳风·七月》中的诗句。

⑬张横渠：张载，北宋理学家。凤翔郿县（今陕西眉县）横渠镇人，世称"横渠先生"。

⑭《西铭》：原为《正蒙·乾称篇》中的一部分。张载讲学，将其旧作《乾称篇》分为《砭愚》《订顽》，分别张贴于学堂东、西窗下；程颐更名为《东铭》《西铭》。《西铭》即《订顽》，主要内容是阐释孟子行善论。

[评析]

板桥在焦山为成就功名潜心苦读，亦时时不忘教导子弟读书。此时，他置身别峰庵，看窗外蒙蒙烟雨，浮想联翩。他总结了自己对读书的些许感悟，希望子弟能从这些认识和经验中得到启示。

板桥对读书的研究颇为深透，他此信谈到的读书窍门，虽然是从纯儒的观点出发，不免偏颇，但既精到又切合实务，主要涉及两个方面：

其一，肯定"孔子之烧"，强调选择作品应注重其自身价值。与秦始皇为毁灭文明、愚弄人心而焚烧经书、灭绝圣典不同，孔子烧掉的是于世于民无益的书。板桥告诫读书人，面对"卷册浩繁"的书籍，应有孔子的眼光和胆识，鉴别作品的优劣，择而读之。板桥在此特别强调文章能否流传后世，主要由作品本身的质量决定，那些没有价值的文章，即使得以问世，终将落得不"待他人举火"，就"自焚自灭"的下场，历史的取舍是公正的。

其二，讲究"终身受用不尽"，提倡读书贵"精"不贵"博"。古人一向讲究读书要多，阅历要广，所谓"读万卷书，行万里路"。板桥却说："读书数万卷，胸中无适主，便如暴富儿，颇为用钱苦。"他认为在广泛阅读的同时，必须对文化遗产有所取舍，做到精读书——有选择地多读书。他在《随猎诗草、花间堂诗草跋》中明确表示："'五经'、'廿一史'、'藏'十二部，句句都读，便是呆子；汉魏六朝、三唐、两宋诗人，家家都学，便是蠢才。"可见，板桥以为读书求多是无用的，应该读那些"终身读不尽，终身受用不尽"的书。信中还具体提到了一些重要的精读书籍，包括"六经"、"四书"、《左传》、《史记》、《庄子》、《离骚》、贾谊和董仲舒的策论、诸葛亮的表章、韩愈的文章和杜甫的诗歌等。在这些书籍中，还可以精益求精，如"六经"中又可以进一步精读"《禹贡》、《洪范》、《月令》、'七月流火'"这些作品。

需要指出的是，板桥在信中列出一些儒家文史经典，强调读书贵"精"，并不是抹杀其他文化遗产。一方面，这是一封写给年轻的弟弟（板桥比郑墨大25岁）的信，年轻的学子当然最忌过杂地看书，这封信具有很强的针对性。另一方面，板桥自己的读书面就极广，诸子百家、道藏佛典都有所涉猎，他在《板桥自序》中曾不无自负地说："读书虽不多,亦不少。"在这封信中,他赞叹张载"《西铭》一篇,巍然接'六经'而作",真是美好极了。这里顺便提及张载对板桥的影响。宋代理学家张载在其名篇《西铭》中提出"民胞物与"的观点,他说:"民吾同胞,物吾与也。"这种万物同胞、人人平等的思想备受板桥推崇,对板桥民本思想的形成产生了积极影响。

焦山双峰阁寄舍弟墨

【箴言】

　　吾辈存心，须刻刻去浇存厚，虽有恶风水，必变为善地，此理断可信也。

　　郝家庄有墓田一块，价十二两，先君①曾欲买置，因有无主孤坟一座，必须刨去。先君曰："嗟乎！岂有掘人之冢以自立其冢者乎！"遂去之。但吾家不买，必有他人买者，此冢仍然不保。吾意欲致书郝表弟②，问此地下落，若未售，则封去十二金③，买以葬吾夫妇。即留此孤坟，以为牛眠④一伴。刻石示子孙，永永不废，岂非先君忠厚之义而又深之乎！夫堪舆家⑤言，亦何足信。吾辈存心，须刻刻去浇存厚⑥，虽有恶风水，必变为善地，此理断可信也。后世子孙，清明（一）〔上〕冢，亦祭此墓，卮⑦酒、只鸡、盂饭、纸钱百陌⑧，著为例。

　　雍正十三年六月十日，哥哥寄。

[注释]

　　①先君：指死去的父亲。

　　②郝表弟：郑板桥继母姓郝，郝表弟应为其继母兄弟之子。

　　③十二金：十二两银子。

　　④牛眠：葬地的别称。《晋书》载："初，陶侃微时，丁艰，将葬，

家中忽失牛而不知所在。遇一老父，谓曰：'前岗见一牛眠山污中，其地若葬，位极人臣矣。'"

⑤堪舆家：俗称风水先生。

⑥去浇存厚：摒弃浮薄念头，保存忠厚心性。

⑦卮（zhī）：古代盛酒的器皿。

⑧陌：一百文钱为一陌。

[评析]

　　板桥焦山读书，在荒山古庙中思绪纷纭，他想到了自己的身后事，想到郝家庄那块曾被父亲拒绝的"墓田"和"墓田"里那座"无主孤坟"的命运，于是写下这封信。

　　板桥的父亲不愿意"掘人之冢以自立其冢"，所以不肯买那块有"无主孤坟"的墓地；板桥担忧"无主孤坟"难以得到完好保存，因此想买下那块墓地，"以为牛眠一伴"。他还嘱咐"后世子孙，清明上冢，亦祭此墓"，"永永不废"。父子两人的取舍不同，但想法却是相通的，他们的不买与买都表现了儒家"推己及人"的思想。在封建士大夫的眼中，风水宝地向来很值得注重，是不容别人沾光的。板桥同样看重风水宝地，但在这个问题上，他更强调"去浇存厚"的品性，即摒弃浇薄之心，留存忠厚之性，认为具有这样的品德，邪恶也会变得美好。因此，他教育子弟"吾辈存心，须刻刻去浇存厚"。他想借买墓地这件事，帮助子弟塑造"爱人"的理想人格，以"仁"传家。

　　此信虽短，所述之事也很简单，却处处使人感受到板桥父子的仁爱之心。上封信谈及板桥身上深厚的儒学功底，这与他的家学渊源，以及他童年、少年时代从师学习的经历有着极其密切的关系。

　　板桥的启蒙老师就是他的父亲立庵先生。《板桥自叙》云："板桥幼随其父学，无他师也。"立庵先生是个品学兼优的廪生，他设馆授徒，先后教过几百名学生,这些学生在学业上都有一定成就。板桥资质聪慧,从小就得到父亲的喜爱和悉心教育。板桥三岁时,立庵先生就教他识字;五六岁时教他读诗背诵;六岁以后教他读"四书五经",要求抄写熟记;八九岁时教他作文联对。板桥童年、少年时代接受这样的文化教育和熏陶,奠定了他坚实的儒家文化思想基础,他的"泽加于民""去浇存厚""农夫第一"等观点都折射出儒学的特质和基本精神。这些在这封信中都可见端倪。

淮安舟中寄舍弟墨

【箴言】

　　以人为可爱，而我亦可爱矣；以人为可恶，而我亦可恶矣。

　　以人为可爱，而我亦可爱矣；以人为可恶，而我亦可恶矣。东坡一生觉得世上没有不好的人，最是他好处。愚兄平生漫骂无礼，然人有一才一技之长，一行一言之美，未尝不啧啧称道。橐中数千金，随手散尽，爱人故也。至于缺厄欹危①之处，亦往往得人之力。好骂人，尤好骂秀才。细细想来，秀才受病②，只是推廓不开，他若推廓得开，又不是秀才了。且专骂秀才，亦是冤屈，而今世上那个是推廓得开的？年老身孤，当慎口过③。爱人是好处，骂人是不好处。东坡以此受病④，况板桥乎！老弟亦当时时劝我。

[注释]

①缺厄欹危：困苦危难。缺厄，困厄，困苦。欹，通"攲"，倾斜。

②受病：被人批评。

③口过：言语的过失。

④受病：遭受祸患。指苏东坡仕途坎坷，多次被贬谪。

[评析]

　　这封信写于乾隆六年（1741）九月，板桥由扬州上京候补京官，路过淮安。此时距板桥中进士已五年之久，他一直没有谋到官职。

乾隆元年（1736），经过焦山苦读的板桥第二次进京，参加丙辰科会试。经过殿试，考中了二甲第八十八名进士（《清朝历科题名碑录》初集）。历经二十多年的岁月，经历了许多人生磨难，才成就了这样的"正果"。板桥为此兴奋不已，自镌一枚闲章曰："康熙秀才、雍正举人、乾隆进士。"并得意扬扬地画了一幅《秋葵石笋图》，题诗云："牡丹富贵号花王，芍药调和宰相祥。我亦终葵称进士，相随丹桂状元郎。"

可是，板桥的求仕之路并不顺利。考中进士后，他盘桓京师谋取官职。他那丑陋的容貌、狂傲的性格和横溢惊座的才华，都是进入仕途的大忌。于是，他以唐代著名文人韩愈三上宰相书自荐为先例，上书权贵，以求得以重用。其《读昌黎〈上宰相书〉因呈执政》写道："常怪昌黎命世雄，功名之际太匆匆。也应不肯他途进，惟有修书谒相公。"应该指出的是，板桥的干谒，并非屈志辱节地求官，而是基于"大丈夫不能立功天地，字养生民，而以区区笔墨供人玩好，非俗事而何"（《潍县署中与舍弟第五书》）的思想，企图"得志则泽加于民"，一展抱负。现在能见到的板桥干谒诗是《呈长者》两首："御沟杨柳万千丝，雨过烟浓嫩日迟。拟折一枝犹未折，骂人春燕太娇痴。""桃花嫩汁捣来鲜，染得幽闺小样笺。欲寄情人羞自嫁，把诗烧入博山烟。"羞于自荐而又不得不自荐的心情溢于言表。然而，由于雍正刚死，乾隆新立，朝廷党派之争相当激烈。板桥毫无政治背景，他的干谒活动当然也不会取得积极的效果。在北京待了将近一年后，板桥怏怏地回到了家乡。

乾隆六年（1741）九月，板桥第三次进京。这次进京可能是奉吏部之召，也可能是自己去进行谋官活动。不管什么原因，这次进京终于使板桥"泽加于民"的愿望变成现实。他被朝廷任命为山东范县县令，从此踏上梦寐以求的仕途。在此，我们不得不提到板桥此次在北京结识的慎郡王。

慎郡王允禧，字谦斋，号紫琼道人，康熙第二十一子、雍正的弟弟、乾隆的叔父。他与乾隆同年出生，当时只有三十一岁。《清史稿·圣祖诸子传》谓"允禧诗清秀，尤工画，远希董源，近接文徵明"。沈德潜《清诗别裁集》谓"（允禧）勤政之暇，礼贤下士。画宗元人，诗宗唐人，品近河间、东平，而多能游艺，又间、平所未闻也"。允禧很敬慕板桥，他作了一篇五百字的骈文，要易祖式、傅凯亭送给板桥，表示仰慕之意。板桥到慎郡王府后，允禧对他礼遇有加，亲自割肉款待，说："昔太白御手调羹，今板桥亲王割肉，后先之际，何多让焉！"（《板桥自序》）允禧将自己的《随猎诗草》《花间堂诗草》送请板桥指正并作序。板桥读后，欣然撰跋。板桥能在中进士六年后，得到山东范县县令一职，很可能是由于慎郡王的斡旋。板桥上任前写了《将之范县拜辞紫琼崖主人》，其中有"我朝开国于今烈，文武成康四圣人"。对朝廷给予自己的重用感激万分，把顺治、康熙、雍正、乾隆比喻成周朝文、武、成、康四代国君加以称颂。允禧也作有《紫琼崖主人送板桥郑燮为范县令》，表达对朋友的依恋，鼓励板桥报效朝廷。后来，板桥还写过《玉女摇仙佩·寄呈慎郡王》《画兰寄呈紫琼崖道人》《与紫琼崖主人书》等诗文，表示自己的眷恋和知遇之感，并在《刘柳村册子》《板桥自序》中都感激涕零地记载了慎郡王的礼遇。

这封信强调的"爱人"与上封信倡导的"去浇存厚"一脉相承，都是板桥教育子弟塑造理想人格的表现，深深浸润着儒家"温柔敦厚"的基本精神。板桥认为，"以人为可爱，而我亦可爱矣；以人为可恶，而我亦可恶矣"，明白这个道理，就首先应在主观上树立"爱人"的观念，然后在行动上做到善于赞美他人，乐于援助别人。因为珍爱他人就是珍爱自己，尊重别人就是对自己的尊重。板桥提出的"爱人"观点，具有尊重人格的意识，包含人性平等的因素，是一种对社会人际关系的憧憬。这种人与人相互报答的设想,即使在二十一世纪的今天,仍然是人类孜孜以求的美好图景。

　　板桥信中还提到了"好骂人""尤好骂秀才",这似乎与"爱人"的观点相悖,其实不然。他骂秀才,原因是秀才"推廓不开",心胸狭窄,关注的往往是自己,而不是百姓。他无奈地叹息:"而今世上那个是推廓得开的?"能关注民生、体察百姓的人真是太少了!据此看来,板桥的"骂人"恰恰是"爱人"的表现。他所主张的"爱人",在很大程度上是爱普通老百姓。他的"囊中数千金,随手散尽""汝持俸钱南归,可挨家比户,逐一散给……务在金尽而止"等,就说明了这一点。

范县署中寄舍弟墨

【箴言】

　　敦宗族，睦亲姻，念故交，大数既得；其余邻里乡党，相赒相恤，汝自为之，务在金尽而止。

　　刹院寺祖坟，是东门一枝大家公共的，我因葬父母无地，遂葬其傍。得风水力，成进士，作宦数年无恙。是众人之富贵福泽，我一人夺之也，于心安乎？不安乎？可怜我东门人，取鱼捞虾，撑船结网；破屋中吃秕糠，啜①麦粥，搴取②荇③叶、蕴头④、蒋角⑤煮之，旁贴荞麦锅饼，便是美食，幼儿女争吵。每一念及，真含泪欲落也。汝持俸钱南归，可挨家比户，逐一散给。南门六家，竹横港十八家，下佃一家，派虽远，亦是一脉，皆当有所分惠。骐骥小叔祖亦安在？无父无母孤儿，村中人最能欺负，宜访求而慰问之。自曾祖父至我兄弟四代亲戚，有久而不相识面者，各赠二金，以相连续，此后便好来往。徐宗于⑥、陆白义⑦辈，是旧时同学，日夕相征逐者也。犹忆谈文古庙⑧中，破廊败叶飕飕，至二三鼓不去；或又骑石狮子脊背上，论兵起舞，纵言天下事。今皆落落未遇，亦当分俸以敦夙好⑨。凡人于文章学问，辄自谓己长，科名唾手而得，不知俱是徼幸。设我至今不第，又何处叫屈来？岂得以此骄倨朋友！敦宗族，睦亲姻，念故交，大数既得；其余邻里乡党，相赒⑩相恤，汝自为之，务在金尽而止。愚兄更不必琐琐矣。

[注释]

①啜（chuò）：喝。

②搴（qiān）取：摘取。

③荇（xìng）：荇菜，一种多年生草本植物。

④蕴头：麻根，一种水生植物，嫩时可吃。

⑤蒋角：俗名"茭白"。

⑥徐宗于：其人不详。

⑦陆白义：名骖，字白义，庠生，工书法，尤擅狂草。《兴化县志》有传。

⑧古庙：指兴化天宁寺。

⑨敦夙好：增加旧日情谊。敦，厚。夙好，旧好。

⑩赒（zhōu）：周济，救济。

[评析]

乾隆七年（1742），五十岁的板桥怀着对慎郡王的感激和"立功天地，字养生民"（《潍县署中与舍弟第五书》）的理想，骑着毛驴，带着年轻貌美的饶氏夫人和书童，到范县走马上任。

范县地处黄河北岸，清时属山东曹州府管辖（今属河南省）。县城仅四五千户人家，约十万人口，农民勤于劳作，民风古朴淳厚，是一个朴实宁静的地方。乾隆七年至乾隆十一年，板桥在范县担任县令，他为官清正，勤政爱民，深恐不了解民情，愧对百姓，因而经常微服徒步，深入民间；听讼决案，也每每维护弱小，抑制豪强。板桥执政四年，范县五谷丰登，民安盗息。

此信写于乾隆九年（1744），板桥在范县任职已有两年了。

板桥以为因其父母葬"刹院寺祖坟"，"得风水力"，所以自己仕途平坦，生活安定。他的自足自乐之意是比较明显的。这个时期，确实是板桥一生中最得意的时候。一方面，经历了二十多年的孤灯相伴、书海苦修和几年酸甜苦辣、难以言状的谋官生涯，他终于实现了"大丈夫兼济天下"的理想，并"清静无为"地管理着一方百姓，让他们过着安居乐业的生活。另一方面，其妾饶氏生下一子，家庭生活倍增情趣。

但"众人之富贵福泽，我一人夺之也，于心安乎？不安乎？"个人的惬意生活没有使板桥忘乎所以，他心中念念不忘"我东门人"的穷困生活。板桥老家在兴化东门外，族人多靠作田捞虾度日。他为官前读书、教书的地点多在农村，对广大农民的艰难生活十分了解。他有不少反映这方面内容的作品，较为典型的如《田家四时苦乐歌》，写到春季时有："夜月荷锄村犬吠，晨星叱犊山沉雾。到五更惊起是荒鸡，田家苦。"写到夏季时有："脱笠雨梳头顶发，耘苗汗滴禾根土。更养蚕忙杀采桑娘，田家苦。"写到秋季时有："霜穗未储终岁食，县符已索逃租户，更爪牙常例急于官，田家苦。"写到冬季时有："老树槎丫，撼四壁寒声正怒……茅舍日斜云酿雪，长堤路断风吹雨……田家苦。"类似的作品还有《李氏小园》《道情十首》等。

板桥对贫弱百姓不仅富于同情，而且尽其所能给予帮助。郑墨从兴化到范县看望板桥，板桥将几年来积蓄的俸钱交给他带回家去，要他在同宗叔侄中"挨家比户，逐一散给"，尤其对"无父无母孤儿"，"宜访求而慰问之"，"务在金尽而止"。板桥做官而不忘本，得志而不骄倨，厚待同宗，亲近亲戚，关怀故友，慰问邻居，其中流露出的一片真情十分感人。

作为长者，板桥在这封家信里为子弟树立了一个极好的榜样，他时时不忘以"仁"传家，福及后代。

范县署中寄舍弟墨第二书

【箴言】

　　盗贼亦穷民耳,开门延入,商量分惠,有甚么便拿甚么去;若一无所有,便王献之青毡,亦可携取质百钱救急也。

　　吾弟所买宅,严紧密栗①,处家最宜,只是天井太小,见天不大。愚兄心思旷远,不乐居耳。是宅北至鹦鹉桥不过百步,鹦(武)〔鹉〕桥至杏花楼不过三十步②,其左右颇多隙地。幼时饮酒其傍,见一片荒城,半堤衰柳,断桥流水,破屋丛花,心窃乐之。若得制钱③五十千,便可买地一大段,他日结茅有在矣。吾意欲筑一土墙院子,门内多栽竹树草花,用碎砖铺曲径一条,以达二门。其内茅屋二间,一间坐客,一间作房,贮图书史籍、笔墨砚瓦、酒董茶具其中,为良朋好友、后生小子论文赋诗之所。其后住家,主屋三间,厨屋二间,奴子屋一间,共八间。俱用草苫,如此足矣。清晨日尚未出,望东海一片红霞。薄暮斜阳满树,立院中高处,便见烟水平桥。家中宴客,墙外人亦望见灯火。南至汝家百三十步,东至小园仅一水,实为恒便。或曰:此等宅居甚适,只是怕盗贼。不知盗贼亦穷民耳,开门延入,商量分惠,有甚么便拿甚么去;若一无所有,便王献之青毡④,亦可携取质⑤百钱救急也。吾弟当留心此地,为狂兄娱老之资,不知可能遂愿否?

[注释]

①密栗：缜密坚硬。《礼记·聘义》云："君子比德于玉焉……缜密以栗，知也。"

②步：清代以五营造尺为一步，每营造尺约合0.32米。

③制钱：国家所铸铜钱，外圆，内有方孔。每千钱约可兑换银子一两。

④王献之青毡：士人故家旧物的代称。《晋书·王献之传》载，献之"夜卧斋中，而有偷人入其室，盗物都尽。献之徐曰：'偷儿，青毡我家旧物，可特置之。'群偷惊走"。

⑤质：典当。

[评析]

此信的写作时间与上封信相同，当为乾隆九年（1744）。板桥在信中向郑墨介绍了自己的住宅蓝图，表现了他日后赋闲在家的生活情景，以及其特异的审美情趣和思想性格。

板桥对堂弟"严紧密栗"的居家环境并不欣赏，他率真地表示，胸怀宽阔的自己不喜欢居住在"见天不大"的宅院里，而对"一片荒城，半堤衰柳，断桥流水，破屋丛花"的那片空地很感兴趣。板桥有着独特的审美情趣，他崇尚自然质朴，不爱冗繁浮华，尤其重视自然美对人的性情的陶冶作用。在《仪真县江村茶社寄舍弟》中，他谈到了"春江之妙境"对艺术创作的好处；在《潍县署中与舍弟墨第二书》中，他用抒情的笔调展现出诗意的自然幻象："欲养鸟莫如多种树，使绕屋数百株，扶疏茂密"，"将旦时，睡梦初醒，尚展转在被，听一片啁啾，如《云门》《咸池》之奏"；在这封信里，又表现了他对美好自然环境的渴求。

板桥的生活追求也是崇尚自然的。这封信里描绘了这样的生活场景：

"清晨日尚未出，望东海一片红霞。薄暮斜阳满树，立院中高处，便见烟水平桥。"自然美景增添了生活的无穷趣味。他的一些诗作表现了同样的闲情逸致，如《闲居》："懒慢从来应接疏，闭门扫地足闲居。荆妻拭砚磨新墨，弱女持笺索楷书。柿叶微霜千点赤，纱橱斜日半窗虚。江南大好秋蔬菜，紫笋红姜煮鲫鱼。"作者将柿叶、蔬菜、红姜、鲫鱼等日常菜食入诗，表现了对自然生活的向往，充满了闲适的情趣。又如《山中夜坐再陪起上人作》："晨起望诸山，烟岚潆涨塞。阳乌初出海，气弱不得力。墨云横亘天，稚霞敛颜色。重帛那禁寒，拥裘坐岩侧。露重如小雨，径危滑难陟。酸枣垂累累，瓜果蔓寒棘。招手谓山鸟，与尔得饱食。"诗人抓住晨起观山的感受展开描写，从山中湿气、初日、天色、气温、晨露等多方面着笔，在饶有野趣的环境中，他情不自禁地要招手与山鸟对语了。板桥这种不同凡俗的审美情趣体现了其"适天""全性"的哲学思想。

然而，板桥终其一生，也未能把他设计的住宅蓝图变为现实。按理，做了十二年七品县令的板桥，花"制钱五十千"买地，再筑八九间茅屋，并不是一件难事。但他可以为受灾的百姓一掷千金［如乾隆十一年（1746）秋，潍县大旱，板桥把自己一千两左右的"养廉银"拿出来，代替赋税，大大减轻了百姓的负担］，却没有力量建起自己理想的宅院，其为官待民之道令人唏嘘不已。

这封信的末尾还谈到愿意与盗贼"商量分惠"的话题。板桥认为小偷也是穷人，不是被逼无奈，不会做此下贱之事。如果家里被偷，有什么就给他们什么。假若没有值钱的东西，就像王献之家传的青毡也可以让他们拿去典当百把个铜钱救救急。板桥不愧为"狂放"之士，他的这番言语大出常人意料，却又一次真真切切地让读者感受到他"仁者爱人"、善于体察百姓疾苦的思想品德。

范县署中寄舍弟墨第三书

【箴言】

　　总是读书要有特识，依样葫芦，无有是处。而特识又不外乎至情至理，歪扭乱窜，无有是处。

　　竖儒之言，必不可听，学者自出眼孔，自竖脊骨读书可尔。

　　禹会诸侯于涂山，执玉帛①者万国。至夏、殷之际，仅有三千，彼七千者竟何往矣？周武王大封同异姓，合前代诸侯，得千八百国，彼一千余国又何往矣？其时强侵弱，众暴寡，刀痕箭疮，薰眼②破胁，奔窜死亡无地者，何可胜道。特③无孔子作《春秋》、左丘明为传记，故不传于世耳。世儒不知，谓春秋为极乱之世，复何道？而春秋已前，皆若浑浑噩噩④，荡荡平平，殊甚可笑也。以太王⑤之贤圣，为狄⑥所侵，必至弃国与之而后已。天子不能征，方伯⑦不能讨，则夏、殷之季世，其抢攘淆乱为何如，尚得谓之荡平安辑哉！至于《春秋》一书，不过因赴告⑧之文，书之以定褒贬，左氏乃得依经作传。其时不赴告而背理坏道乱亡破灭者，十倍于《左传》而无所考。即如"汉阳诸姬，楚实尽之"⑨，诸姬是若干国？楚是何年月日如何殄灭他？亦寻不出证据来。学者读《春秋》经传，以为极乱，而不知其所书，尚是十之一、千之百也。

　　嗟乎！吾辈既不得志于时，困守于山椒海麓之间，翻阅遗编，发为长吟浩叹，或喜而歌，或悲而泣。诚知书中有书，书外有书，则心空明而理圆湛，岂复为古人所束缚，而略无张主⑩乎！岂复为后世小儒所颠倒迷惑，反失古人真意乎！虽无帝王师相之权，而进退百王，屏当千古，是亦足以豪而乐矣。

又如《春秋》，鲁国之史也。使竖儒为之，必自伯禽⑪起首，乃为全书，如何没头没脑，半路上从隐公说起？殊不知圣人只要明理范世，不必拘牵。其简册可考者考之，不可考者置之。如隐公并不可考，便从桓、庄⑫起亦得。或曰：《春秋》起自隐公，重让也；删《书》断自唐、虞，亦重让也。此与儿童之见无异。试问唐、虞以前天子，那个是争来的？大率删《书》断自唐、虞，唐、虞以前，荒远不可信也；《春秋》起自隐公，隐公以前，残缺不可考也，所谓史阙文耳。总是读书要有特识，依样葫芦，无有是处。而特识又不外乎至情至理，歪扭乱窜，无有是处。

人谓《史记》以吴太伯⑬为《世家》第一，伯夷⑭为《列传》第一，俱重让国。但《五帝本纪》以黄帝为第一，是戮蚩尤用兵之始，然则又重争乎？后先矛盾，不应至是。总之，竖儒之言，必不可听，学者自出眼孔，自竖脊骨读书可尔。乾隆九年六月十五日，哥哥字。

[注释]

①玉帛：诸侯合盟时所执的礼物。

②薰眼：用马粪熏瞎眼睛。《史记·刺客列传》作"矐其目"。

③特：只，不过。

④浑浑噩噩：语出汉扬雄《法言·问神》，此处形容上古时纯朴的社

会风气。

⑤太王：周朝祖先周太王。

⑥狄：古代北方少数民族。

⑦方伯：《礼记·王制》载，夏、商、周时，每一地区的诸侯中有一位领袖，称"方伯"。

⑧赴告：春秋时诸侯互报丧事的文告称"赴"，互报祸福的文告称"告"。

⑨"汉阳诸姬，楚实尽之"：语出《左传·僖公二十八年》，汉阳为周王朝同姓诸侯（姬姓），后被楚灭。

⑩张主：主张。

⑪伯禽：鲁国第一代国君，周公旦之子，周成王之堂兄。

⑫桓、庄：鲁隐公后相继的两位国君。

⑬吴太伯：周太王之长子。《史记·吴太伯世家》载，太伯在吴立国，自号"句吴"，武王追封为"太伯"。

⑭伯夷：孤竹国君长子。《史记·伯夷列传》载，孤竹国君欲立次子叔齐，伯夷在父亲死后弃国出走，叔齐亦效法伯夷，传为美谈，史称"重让国"。

[评析]

此信亦写于乾隆九年（1744），是一篇关于读书的经验之谈，提出了读书要有"特识"的主张。

板桥在这封信里教育子弟："竖儒之言，必不可听，学者自出眼孔，自竖脊骨读书可尔。"认为"读书要有特识"，既不能为"古人所束缚"，也不能为"后世小儒所颠倒迷惑"，而应该明白"书中有书，书外有书"的道理，以我之心，"进退百王，屏当千古"。这里所言"特识"，是指独特的眼光，意思是应该独立思考地读书，而不人云亦云，依样画葫芦。板桥在信中以读《春秋》《左传》《史记》等典籍为例，反复申说。他这一立论的基点是颇高的。历代有成就的文人取得成功，读书有"特识"是重要的因素之一，板桥强调这一点实乃真知灼见。那么，"特识"又来源于何处呢？他在信中进一步分析道："特识"离不开至情至理。离开了通情达理，随意曲解改窜，没有不出问题的。板桥对"特识"源自至情至理的见解，与明清时期鼓吹情理的思潮是合拍的。

　　板桥的"特识"之见也表现在他的艺术创作实践中。他主张艺术创作要自具面目，反对因袭模仿。他在一首题画诗里宣称："我今不肯从人法，写出龙须凤尾排。"在《与江宾谷、江禹九书》中提出："学者当自树其帜。"在《板桥先生印册》中也指出："凡作文者，当作主子文章，不可作奴才文章也。"他还特地刻了一方"郑为东道主"的印章，以明其志。板桥的反复申说，语重心长。这是冲决一切罗网，打破一切束缚，敢于独立创造，乐于不断进取的艺术家的伟大勇气和可贵精神，也即是把艺术的独创性作为审美理想的第一位的要求。它与板桥"束狂入世犹嫌放，学拙论文尚厌奇"（《自遣》）的"狂怪"性格相互映衬，显示了他对无古无今、毫不依傍的独创精神的大胆追求。

　　当然，独立的艺术风格并不是凭空产生的，重要的是吸取各家精华，而又为我所用，推陈出新。所以板桥对有成就的大家前辈，能正确地加以取舍，只师其意，不师其迹，十分学七，还要抛三。正可谓生吞活剥不可取，着意领悟融化方得要领。板桥在艺术实践中不断总结求活、求创、求变、求新的艺术经验，遵照"不泥古法，不执己见"的主张，坚持创作个性。结果，他的诗文能"自出己意"，他的绘画能"无古无今"，他的书法能"怒不同人"，诗、画、书各方面都能旷世独立，自成一派。

范县署中寄舍弟墨第四书

【箴言】

　　我想天地间第一等人，只有农夫，而士为四民之末。农夫……皆苦其身，勤其力，耕种收获，以养天下之人。使天下无农夫，举世皆饿死矣……工人制器利用，贾人搬有运无，皆有便民之处。而士独于民大不便，无怪乎居四民之末也！且求居四民之末而亦不可得也！

　　十月二十六日得家书，知新置田获秋稼五百斛①，甚喜。而今而后，堪为农夫以没世矣！要须制碓，制磨，制筛罗簸箕，制大小扫帚，制升、斗、斛。家中妇女，率诸婢妾，皆令习舂揄蹂簸②之事，便是一种靠田园长子孙气象。天寒冰冻时，穷亲戚朋友到门，先泡一大碗炒米送手中，佐以酱姜一小碟，最是暖老温贫之具。暇日咽碎米饼，煮糊涂粥，双手捧碗，缩颈而啜之，霜晨雪早，得此周身俱暖。嗟乎！嗟乎！吾其长为农夫以没世乎！

　　我想天地间第一等人，只有农夫，而士为四民之末。农夫上者种地百亩，其次七八十亩，其次五六十亩，皆苦其身，勤其力，耕种收获，以养天下之人。使天下无农夫，举世皆饿死矣。吾辈读书人，入则孝，出则弟③，守先待后，得志泽加于民，不得志修身见于世，所以又高于农夫一等。今则不然，一捧书本，便想中举、中进士、作官，如何攫取金钱、造大房屋、置多田产。起手便错走了路头，后来越做越坏，总没有个好结果。其不能发达者，乡里作恶，小头锐面④，更不可当。夫束修自好者，岂无其人；经济⑤自期，抗怀千古者，亦所在多有。而好人为坏人所累，遂令我辈开不得口；一开口，人便笑曰："汝辈书生，总是会说，他日居官，便不如此说了。"所以忍气吞声，只得捱人笑骂。工人制器利用，贾人搬有运无，皆有便民之处。而士独于民大不便，无怪乎居四民之末也！且求居四民之末而亦不可得也！

愚兄平生最重农夫。新招佃地人，必须待之以礼。彼称我为主人，我称彼为客户，主客原是对待之义，我何贵而彼何贱乎？要体貌⑥他，要怜悯他；有所借贷，要周全他；不能偿还，要宽让他。尝笑唐人《七夕》诗，咏牛郎织女，皆作会别可怜之语，殊失命名本旨。织女，衣之源也；牵牛，食之本也。在天星为最贵，天顾⑦重之，而人反不重乎！其务本勤民，呈象昭昭可鉴矣。吾邑妇人，不能织绸织布，然而主中馈⑧，习针线，犹不失为勤谨。近日颇有听鼓儿词，以斗叶⑨为戏者，风俗荡轶，亟宜戒之。

吾家业地虽有三百亩，总是典产⑩，不可久恃。将来须买田二百亩，予兄弟二人，各得百亩足矣，亦古者一夫受田百亩⑪之义也。若再求多，便是占人产业，莫大罪过。天下无田无业者多矣，我独何人，贪求无厌，穷民将何所措足乎！或曰：世上连阡越陌⑫，数百顷有余者，子将奈何？应之曰：他自做他家事，我自做我家事，世道盛则一德遵王⑬，风俗偷⑭则不同为恶，亦板桥之家法也。

哥哥字。

[注释]

①斛（hú）：古代量器。十升为一斗，五斗为一斛。

②舂揄(yóu)蹂簸：捣捶、舀取、揉搓、簸荡，为古代稻谷脱谷之法。《诗经·大雅·生民》中有："或舂或揄，或簸或蹂。"蹂，通"揉"。

③"入则"二句：语出《论语·学而》："弟子入则孝，出则弟。"弟，同"悌"，尊敬兄长。

④小头锐面：形容相貌猥琐。

⑤经济：经世济民。

⑥体貌：以礼相待。体，通"礼"。

⑦顾：顾惜。

⑧中馈：指妇女在家主持的日常饮食等事务。

⑨斗叶：玩纸牌。叶，叶子，一种纸牌。

⑩典产：别人抵押的田产，可随时取赎。

⑪一夫受田百亩：《新唐书·食货志》："古者百亩地号一夫，盖一夫授田不得过百亩。"

⑫连阡越陌：指土地广大。阡、陌为田间小路，南北向称"阡"，东西向称"陌"。

⑬遵王：遵守政令。

⑭偷：刻薄，不厚道。

[评析]

此信写于乾隆九年（1744）秋，是板桥"天下以农为本"思想的集中体现。

板桥出身于破落的地主家庭，其出生和成长的环境是相当贫困的。他熟悉农民，并赋予他们极大的同情。在范县，板桥又"芒鞋问俗"，深入农民春耕夏耘、秋获冬藏的生活，观察他们栽枣种梨、植桑养蚕、放鸭养鹅、男婚女嫁、应差服役等各个生活侧面，终于使他清醒地认识到了农民的地位和作用。他在这封信里很明确地说"天地间第一等人，只有农夫"，理由是："农夫……皆苦其身，勤其力，耕种收获，以养天下之人。"故而，他认为农夫的作用极其重要："使天下无农夫，举世皆饿死矣。"他甚至从星象学上也找出支持自己这种理论的根据："织女，衣之源也；牵牛，食之本也。在天星为最贵，天顾重之，而人反不重乎！其务本勤民，呈象昭昭可鉴矣。"

板桥在信中提出了"农工商士"的观念，这种开明的见解在封建社会里是非常难得的。"农"与"士"是封建时代两个不同的阶层，板桥视"农"为头等，"士"为末等，极力主张平等宽厚地对待农民，严厉抨击言行不一的读书人，褒贬态度，很是鲜明。他为"吾其长为农夫以没世"而欣喜雀跃，谆谆教导家中子弟、妇女以勤于农事为乐，以热情款待同乡、佃户为幸。对一些读书人"一捧书本，便想中举、中进士、作官，如何攫取金钱、造大房屋、置多田产"，累及"我辈"众多"束修自好者"的行为，深恶痛绝，痛快淋漓地大加斥骂。

板桥不仅在思想上重农，而且在行动上也注意维护农民的利益。他除了以身作则地教育子弟"体貌""怜悯""周全""宽让"农民外，还反对剥削兼并，不齿于侵吞农民的土地。他告诫郑墨：如果农民赎回了他们原有的典产田后，我们弟兄就买两百亩田，依古代"一夫受田百亩"之义，不可再多。一定要知足，拥有自己分内的田地就够了。对他人连阡越陌地占有土地，不能眼红，更不能仿效。需要说明的是，板桥在这里提出的拥有耕地的数量，是当时中小地主拥有耕地的数量标准。

写这封信的乾隆年间，封建地主阶级，包括皇帝、贵族、地主和大商人，在全国各地疯狂地掠夺土地，土地兼并在急剧地进行着。他们掠夺、兼并土地的结果，促使广大农民失去了自己仅有的小块耕地，沦为贵族、地主的佃农。乾隆十三年（1748）官吏杨锡绂上书朝廷，揭露当时土地掠夺的情况："近日田之归于富户者，大约十之五六，旧时有田之人，今俱为佃耕之户。"(《四知堂文集》卷十《遵旨陈明米贵之由疏》)而成为佃户的农民,要将收获的四五成、六七成甚至八成以上的粮食奉献给地主、贵族或皇室,其命运是很悲惨的。联系这样的时代背景,板桥这封家书所反映的认识是很可贵的。他还自立"世道盛则一德遵王,风俗偷则不同为恶"的家法,反映了不同于一般读书人的"经济自期,抗怀千古"的情怀。

范县署中寄舍弟墨第五书

【箴言】

　　作诗非难,命题为难。题高则诗高,题矮则诗矮,不可不慎也。

　　其题如此,其诗可知;其诗如此,其人品又可知。

　　作诗非难,命题为难。题高则诗高,题矮则诗矮,不可不慎也。少陵①诗高绝千古,自不必言,即其命题,已早据百尺楼上矣。通体不能悉举,且就一二言之:《哀江头》《哀王孙》,伤亡国也;《新(民)〔婚〕别》、《无家别》、《垂老别》、"前后出塞"诸篇,悲戍役也;《兵车行》《丽人行》,乱之始也;《达行在所》三首,庆中兴也;《北征》《洗兵马》,喜复国望太平也。只一开卷,阅其题次,一种忧国忧民、忽悲忽喜之情,以及宗庙②(邱)〔丘〕墟,关山劳戍之苦,宛然在目。其题如此,其诗有不痛心入骨者乎!至于往来赠答,杯酒淋漓,皆一时豪杰,有本有用之人,故其诗信当时,传后世,而必不可废。

　　放翁③诗则又不然,诗最多,题最少,不过《山居》《村居》《春日》《秋日》《即事》《遣兴》而已。岂放翁为诗与少陵有二道哉?盖安史之变,天下土崩,郭子仪、李光弼、陈元礼④、王思礼之流,精忠勇略,冠绝一时,卒复唐之社稷。在《八哀》诗中,既略叙其人；而《洗兵马》一篇，又复总其全数而赞叹之，少陵非苟作也。南宋时，君父幽囚，栖身杭越，其辱与危亦至矣。讲理学者，推极于豪厘分寸，而卒无救时济变之才；在朝诸大臣，皆流连诗酒，沉溺湖山，不顾国之大计。是尚得为有人乎！是尚可辱吾诗歌而劳吾赠答乎！直以《山居》《村居》《夏日》《秋日》，了却诗债而已。且国将亡，必多忌，躬行桀、纣，必曰驾⑤尧、舜而轶⑥汤、武。宋自绍兴以来，主和议，增岁币，送尊号，处卑朝，括民膏，戮大将，无恶不作，无陋不为。百姓莫敢言喘，放翁恶⑦得形诸⑧篇翰以自取戾乎！故杜诗之有人，诚有人也；陆诗之无人，诚无人也。杜之历陈时事，寓谏诤也；陆之绝口不言，免罗织也。虽以放翁诗题与少陵并列，奚不可也。

近世诗家题目，非赏花即宴集，非喜晤即赠行。满纸人名，某轩某园，某亭某斋，某楼某岩，某村某墅，皆市井流俗不堪之子，今日才立别号，明日便上诗笺。其题如此，其诗可知；其诗如此，其人品又可知。吾弟欲从事于此，可以终岁不作，不可以一字苟吟。慎题目，所以端人品、厉风教也。若一时无好题目，则论往古、告来今，乐府旧题，尽有做不尽处，盍⑨为之。

哥哥字。

[注释]

①少陵：杜甫，字子美，尝自称"少陵野老"，唐代诗人。

②宗庙：皇室家庙，代指国家。

③放翁：陆游，号放翁，南宋诗人。

④陈元礼：即陈玄礼，唐代名将，此处乃板桥为避康熙玄烨名讳而改。

⑤驾：凌驾。

⑥轶：超越。

⑦恶（wū）：怎么，表示疑问。

⑧诸：相当于"之于"。

⑨盍（hé）：相当于"何不"。

[评析]

此信写于板桥在范县做官的最后一年：乾隆十年（1745）。此后不久，板桥将饶氏和四岁的儿子郑麟送回兴化老家，交由郑墨和郭氏照看、抚养；自己也离开了范县，调任潍县。

板桥信中强调内容在诗歌创作中的主导作用，提倡一切文学作品都应反映民生疾苦，发挥拯救社稷、改造社会的功用。

板桥诗文首重社会功用。他早年所写《偶然作》云："英雄何必读书史，直摅血性为文章。不仙不佛不贤圣，笔墨之外有主张。纵横议论析时事，如医疗疾进药方。"在众多文学名家中，他对杜甫极为推崇。他曾在《板桥自序》中说："少陵七律、五律、七古、五古、排律皆绝妙，一首可值千金。"他认为杜诗既继承《诗经》的现实主义传统，又具有曹操的沉雄之气。在另一首《偶然作》中，他运用铺叙手法对杜诗的现实主义精神给予高度赞扬："……浪膺才子称，何与民瘼求！所以杜少陵，痛哭何时休！秋寒室无絮，春雨耕无牛。娇儿乐岁饥，病妇长夜愁。推心担贩腹，结想山海陬。衣冠兼盗贼，征戍杂累囚。史家欠实录，借本资校雠。持以奉吾君，藻鉴横千秋。"他寄语好友："清词颇似王摩诘，复以精华学杜陵。"（《送都转运卢公》）希望像杜甫那样，用诗歌补察时政，泄导人情。板桥对杜甫的推崇可谓无以复加，以至"回首少年游冶习，采碧云红豆相思料，深愧杀，杜陵老"！（《述诗二首》）在清代诗坛，他的这种追求是难能可贵的。

板桥生活的康、雍、乾时期，王士禛（1634—1711）的"神韵说"和沈德潜（1673—1769）的"格调说"等形式主义、拟古主义诗风在诗坛上风行。"神韵说"回避和脱离现实生活，主张"含蓄""冲和""淡远"的艺术风格；"格调说"强调"温柔敦厚"，重视模古拟古，轻视创造。面对王、沈二人的显赫身世和盖世文名，面对风靡一时的"神韵说""格调说"，板桥保持了可贵的独立性。他继承明末顾炎武"经世致用"的文学观，倡导诗歌的社会作用，认为诗文应该"敷陈帝王之事业，歌咏百姓之勤苦，剖晰圣贤之精义，描摹英杰之风猷"（《潍县署中与舍弟第五书》）。他把文风问题与国运兴衰联系在一起，极力颂扬那些旨在改造社会弊病的"大乘法"诗文，以为只有为社会、国家和百姓而作的诗文，才能"理明词畅"，"恢恢游刃有余地矣"（《与江宾谷、江禹九书》）。对"拾古人之余唾"，于众生漠不关心的"小乘法"诗文，给予愤激冷峭的嘲笑。在早年所写《偶然作》中，他即无情地痛斥了那些以脱离现实、玩弄文字而名盛文坛的人物："名士之文深莽苍，胸罗万卷杂霸王。用之未必得实效，崇论闳议多慨慷。雕镌鱼鸟逐光景，风情亦足喜且狂。小儒之文何所长，抄经摘史饾饤强。玩其词华颇赫烁，寻其义味无毫芒。弟颂其师客谈说，居然拔帜登词场。初惊既鄙久萧索，身存气盛名先亡。荤碑刻石临大道，过者不读倚坏墙。"在此信里，他也将批判的矛头指向"市井流俗不堪之子"，并告诫堂弟：如果想学写诗，"可以终岁不作，不可以一字苟吟"。

板桥的创作实践非常有力地印证了他的文学追求，他以"自出己意，理必归于圣贤，文必切于日用"（《板桥自叙》）自许，有意识地继承现实主义的优良传统，写出了一系列反映民生疾苦的诗歌：《悍吏》尖锐地揭露统治者贪婪、凶残的豺狼本性；《私刑恶》深刻地表现恶吏肆无忌惮、滥施私刑的罪恶；《逃荒行》真实地记录民生凋敝、田园荒芜、饿殍遍野的悲惨现实；《还家行》细致地描写妻离子散的生活场景和无可奈何的凄苦哀号……这些作品，皆风骨峻清，继承了杜甫"三吏""三别"的遗绪。

从这封信里我们可以清楚地看到，板桥已充分意识到诗文的社会作用取决于作品内容。由于题目能够反映出诗歌的题材和主题，所以选择诗题非常重要："作诗非难，命题为难。题高则诗高，题矮则诗矮，不可不慎也。"他抨击当时低劣的诗风，指斥一味吟诵风月和泛泛应酬的作品。他力主学习杜甫，对杜甫和陆游的诗歌进行比较，谓："杜诗之有人，诚有人也；陆诗之无人，诚无人也……虽以放翁诗题与少陵并列，奚不可也。"这一分析是较为中肯、较为透彻的。他还认为人品和文品是和谐统一的，指出："其题如此，其诗可知；其诗如此，其人品又可知。"文艺要干预社会，反映现实，作者就要"端人品、厉风教"。信中表达的这些观点，确实切中时弊，值得玩味。

潍县署中寄舍弟墨第一书

【箴言】

　　读书以过目成诵为能,最是不济事。眼中了了,心下匆匆,方寸无多,往来应接不暇,如看场中美色,一眼即过,与我何与也。

　　读书以过目成诵为能,最是不济事。眼中了了,心下匆匆,方寸无多,往来应接不暇,如看场中美色①,一眼即过,与我何与也。千古过目成诵,孰有如孔子者乎?读《易》至韦编三绝②,不知翻阅过几千百遍来。微言精义,愈探愈出,愈研愈入,愈往而不知其所穷。虽生知安行之圣,不废困勉下学③之功也。东坡读书不用两遍,然其在翰林读《阿房宫赋》至四鼓,老吏苦之,坡洒然④不倦。岂以一过即记,遂了其事乎!惟虞世南⑤、张睢阳⑥、张方平⑦,平生书不再读,迄无佳文。且过辄成诵,又有无所不诵之陋。即如《史记》百三十篇中,以《项羽本纪》为最,而《项羽本纪》中,又以巨鹿之战、鸿门之宴、垓下之会为最。反复诵观,可欣可泣,在此数段耳。若一部《史记》,篇篇都读,字字都记,岂非没分晓的钝汉!更有小说家言⑧、各种传奇⑨恶曲,及打油诗词⑩,亦复寓目不忘,如破烂厨柜,臭油坏酱悉贮其中,其龌龊亦耐不得。

[注释]

　　①场中美色:戏台上的美女。

②韦编三绝：编连竹简的皮绳断了多次。比喻读书勤奋。韦编，用牛皮制成的绳子。韦，熟牛皮。编，古代用来穿连竹简、木简的绳子，多用牛皮制成。三绝，多次断绝。《史记·孔子世家》载，（孔子）"读《易》，韦编三绝"。

③下学：向不如自己的人学习。

④洒然：怡然。

⑤虞世南：《新唐书·虞世南传》载，唐太宗要虞世南将《列女传》写到屏风上，虞世南默写而一字不差。

⑥张睢阳：张巡，唐代名将。《新唐书·张巡传》载，张巡"读书不过三复，终身不忘"。

⑦张方平：字安道，北宋人。此人博闻强记，《宋史·张方平传》有记载。

⑧小说家言：这里指胡编乱造的野史、笔记之类的记事性文章。

⑨传奇：指明清戏曲。

⑩打油诗词：指顺口、粗俗的诗作。

[评析]

乾隆十一年（1746），五十四岁的板桥在范县连署五年之后，调任潍县县令。

潍县（今称潍坊市）属山东莱州府，地处齐鲁腹地，北濒渤海，南临沂蒙山脉，白浪河穿城而过。这里物产丰富，商业发达，读书风气浓郁，有"小苏州"之称。板桥此次调任这一富庶大县，应该是令人艳羡的"荣调"。但潍县在板桥任职的前后几年却多灾多难。据《潍县志稿》卷三载："（乾隆）十年乙丑，疫。秋七月十九日，海水溢。""十二年丁卯春，旱大饥。自十一年八月不雨，至是年夏五月十八日始雨，连阴两月，无禾。""十三年戊辰春，大蝗，疫，水，饥。"板桥调职潍县的前一年,灾荒便揭开了序幕,潍县饥民纷纷逃荒要饭,闯关东。富豪大户们却把粮食囤积起来,哄抬粮价,以饱私囊。老百姓雪上加霜,社会危机十分严重。板桥的前任知县秦甸上任不到一年就调走了。板桥继任后,目睹哀鸿遍野,忧心如焚。他忙于寻求良策,拯救挣扎在死亡线上的灾民,好长时间才给家里去信。

此信与下封信未题年月,大约是在来潍县后的第二、第三年写的。信中没有谈及当时的灾情和政务,而是针对历代评价很高的"读书以过目成诵为能"的观点,陈述其弊病,教育子弟勿受此说蒙蔽,仿而效之,贻误终身。

板桥在信的开头即对人们推崇的"过目成诵"表示异议,用"最是不济事"表明自己对这一见解的否定,然后从正反两方面加以分析。

首先,好作品要精读,一般作品则只需泛读。《板桥自序》云:"板桥居士读书求精不求多。非不多也,唯精乃能运多,徒多徒烂耳。"他反对浅尝辄止、不求甚解、读书骛博的方法,批评所谓的"过目成诵"。他认为只有读得精,学得深,才能得到真谛。他以孔子、苏东坡为例加以论证。孔子读《易经》,把穿简册的牛皮绳都磨断了几次,真不知翻读了几百几千遍,才探求到其中深奥的内容和精深的道理;苏东坡在翰林院读杜牧的《阿房宫赋》,直到深夜四更,仍精力充沛,不知疲倦,深入领会作者旨意和文章内涵。这两位都是世人难以企及的"过目成诵"者,但并不以"过目成诵"为能,最终成为"大方之家"。板桥亦得孔、苏读书之法:"每读一书,必千百遍。舟中、马上、被底,或当食忘匕箸,或对客不听其语,并自忘其所语,皆记书默诵也。"(《板桥自叙》)他以为,像《史记》中的《项羽本纪》,其中的"巨鹿之战""鸿门之宴""垓下之会",这些作品和文字是精品,值得反复诵观,而那些"小说家言""传奇恶曲""打油诗词"之类的低劣之作,则要弃之不读。板桥的观点,涉及了精读和泛读的关系，有着朴素的辩证法思想。

其次，"过目成诵"的弊病显而易见。一是"眼中了了，心下匆匆"，它必然导致看得马虎，不能深入，难得真意；二是良莠不分，盲目滥读，它会产生"无所不诵之陋"，使人变成龌龊充塞其间的"破烂橱柜"，让人耗费了精力却得不到作文进益之道。

板桥是颇具眼力的，他所说的有选择地熟读精思，总结了其大半生的读书经验，至今仍具有指导意义。

潍县署中与舍弟墨第二书

【笺言】

　　余五十二岁始得一子,岂有不爱之理!然爱之必以其道,虽嬉戏顽耍,务令忠厚悱恻,毋为刻急也。平生最不喜笼中养鸟,我图娱悦,彼在囚牢,何情何理,而必屈物之性以适吾性乎!

　　夫彰善瘅恶者,人道也;善恶无所不容纳者,天道也。

　　余五十二岁始得一子,岂有不爱之理!然爱之必以其道,虽嬉戏顽耍,务令忠厚悱恻,毋为刻急①也。平生最不喜笼中养鸟,我图娱悦,彼在囚牢,何情何理,而必屈物之性以适吾性乎!至于发系蜻蜓,线缚螃蟹,为小儿顽具,不过一时片刻便折拉而死。夫天地生物,化育劬劳②,一蚁一虫,皆本阴阳五行③之气絪缊④而出,上帝亦心心爱念。而万物之性,人为贵,吾辈竟不能体天之心以为心,万物将何所托命乎?蛇蚖⑤蜈蚣、豺狼虎豹,虫之最毒者也,然天既生之,我何得而杀之?若必欲尽杀,天地又何必生?亦惟驱之使远,避之使不相害而已。蜘蛛结网,于人何罪,或谓其夜间咒月,令人墙倾壁倒,遂击杀无遗。此等说话,出于何经何典?而遂以此残物之命,可乎哉?可乎哉?

　　我不在家,儿子便是你管束。要须长其忠厚之情,驱其残忍之性，不得以为犹子而姑纵惜也。家人儿女，总是天地间一般人，当一般爱惜，不可使吾儿凌虐他。凡鱼飱⑥果饼，宜均分散给，大家欢嬉跳跃。若吾儿坐食好物，令家人子远立而望，不得一沾唇齿；其父母见而怜之，无可如何，呼之使去，岂非割心剜肉乎！夫读书中举、中进士、作官，此是小事，第一要明理作个好人。

可将此书读与郭嫂⑦、饶嫂⑧听，使二妇人知爱子之道，在此不在彼也。

书后又一纸

所云不得笼中养鸟，而予又未尝不爱鸟，但养之有道耳。欲养鸟莫如多种树，使绕屋数百株，扶疏茂密，为鸟国鸟家。将旦时，睡梦初醒，尚展转在被，听一片啁啾⑨，如《云门》《咸池》⑩之奏；及披衣而起，颒面⑪漱口啜茗，见其扬翚⑫振彩，倏往倏来，目不暇给，固非一笼一羽之乐而已。大率⑬平生乐处，欲以天地为囿，江汉为池，各适其天，斯为大快。比之盆鱼笼鸟，其巨细仁忍何如也！

书后又一纸

尝论尧、舜不是一样，尧为最，舜次之，人咸惊讶。其实有至理焉。

孔子曰："大哉尧之为君，惟天为大，惟尧则⑭之。"孔子从未尝以天许人，亦未尝以大许人，惟称尧不遗余力，意中口中，却是有一无二之象。夫雨旸⑮寒燠⑯时若⑰者，天也。亦有时狂风淫雨，兼旬累月，伤禾败稼而不可救；或赤旱数千里，蝗蟓螟特肆生，致草黄而木死，而亦不害其为天之大。天既生有骐麟、凤（皇）〔凰〕、灵芝、仙草、五谷、花实矣，而蛇、虎、蜂虿、蒺藜、稂莠、萧艾之属，即与之俱生而并茂，而亦不害其为天之仁。尧为天子，既已钦明文思，光四表而格上下⑱矣，而共工、驩兜⑲尚列于朝，又有九载绩用弗成之鲧，而亦不害其为尧之大。浑浑⑳乎一天也。

若舜则不然，流共工，放驩兜，杀三苗，殛鲧，罪人斯当矣。命伯禹作司空，契为司徒，稷教稼，皋陶掌刑，伯益掌火，伯夷典礼，后夔典乐，倕工鸠工，以及殳戕㉑、朱虎、熊罴㉒之属，无不各得其职，用人又得矣。为君之道，至豪发无遗憾。故曰："君哉舜也！"又曰："舜其大知也！"夫彰善瘅㉓恶者，人道也；善恶无所不容纳者，天道也。尧乎，尧乎，此其所以为天也乎！

厥后舜之子孙，宾诸陈㉔，无一达人。后代有齐国，亦无一达人。惟田横之卒，五百人从之㉕，斯不愧祖宗风烈。非天之薄于大舜而不予以后也。其道已尽，其数已穷，更无从蕴而再发耳。若尧之后，至迂且远也。豢龙御龙㉖，而有中山刘累，至汉高而光有天下。既二百年矣，而又光武中兴。又二百年矣，而又先帝入蜀，以诸葛为之相，以关、张为之将；忠义满千古，道德继贤圣。岂非尧之留余不尽，而后有此发泄也哉！

夫舜与尧同心同德同圣，而吾为是言者，以为作圣且有太尽之累，则何事而可尽也？留得一分做不到处，便是一分蓄积，天道其信然矣。且天亦有过尽之弊。天生圣人亦屡矣，未尝生孔子也。及生孔子，天地亦气为之竭而力为之衰，更不复能生圣人。天受其弊，而况人乎！昨在范县与进士田种玉、孝廉宋纬言之，及来潍县，与诸生郭伟勋谈论，咸鼓舞震动，以为得未曾有。并书以寄老弟，且藏之匣中，待吾儿少长，然后讲与他听，与书中之意互相发明也。

[注释]

①刻急：苛刻，严峻。此指刻薄、急躁的品性。

②劬（qú）劳：劳苦。

③五行：即水、火、木、金、土。古人认为它们是构成世界的最基本元素。

④绷缊（yīn yūn）：万物相互作用而变化生长。

⑤虺（wán）：毒蛇。

⑥鱼飧（sūn）：鱼汤，也代指简单饭食。

⑦郭嫂：郑板桥续弦夫人。

⑧饶嫂：郑板桥妾。

⑨啁啾（zhōu jiū）：鸟鸣声。

⑩《云门》《咸池》：周代用于祭祀的两种乐舞。

⑪颒（huì）面：洗脸。

⑫翚（huī）：一种有五彩羽毛的野鸡。这里形容五彩斑斓。

⑬大率：大致。

⑭则：效法。

⑮旸（yáng）：日出。

⑯燠（yù）：暖，热。

⑰时若：四时和顺。

⑱光四表而格上下：光照四表而垂范上下。《尚书·尧典》："光被四表，格于上下。"四表，指四方极远之处。

⑲共工、驩兜：传说中尧时的坏人。除他们两人外，还有下文提到的鲧和三苗。

⑳浑浑：浑厚质朴的情状。

㉑殳（shū）戕：倕工的助手。

㉒朱虎、熊罴（pí）：伯益的助手。

㉓瘅：憎恨。

㉔宾诸陈：被封在陈国。《史记·周本纪》："帝舜之后于陈。"

㉕田横之卒，五百人从之：田横是战国时齐国田氏的后代，楚汉战争中自立为齐王。刘邦建汉后破齐，田横率徒众五百多人逃匿海岛。刘邦派人招降，田横随使者行至半路自刎。岛上徒众闻知，皆自刎。

㉖豢龙御龙：传说舜时有豢龙氏善驯龙，尧的后代刘累随豢龙氏学得养龙之术，时夏禹后裔孔甲为君，得二龙，交刘累豢养，并赐姓"御龙氏"，以豕韦氏封国与之。

[评析]

　　板桥长期无子，常为此哀叹。结发夫人徐氏在板桥三十岁时已生了两个女儿和一个儿子，他是年所作的《七歌》中有"我生二女复一儿"之语，这个儿子就是"犉儿"。不料犉儿约在雍正二年（1724）夭折，板桥悲痛不已。后来续弦夫人郭氏不曾得子，直到乾隆九年（1744），其妾饶氏生下郑麟。板桥年逾知命之年，居然得偿夙愿，其舐犊之情，可以想见。他在《潍县署中寄四弟墨》中曾剖心坦言："父母皆有爱子之心，而余之爱子，更甚于寻常万倍。何则？盖因余晚年得子，不得不郑重视之。"但板桥爱子非常理智，绝不因得之不易而娇惯溺爱。他自言："爱之必以其道。"这个"道"，就是他一生为之求索不已的完美理性人生的真诚修炼之道，是儒家道德品质代代传承的至高境界。

　　板桥重视品德教育，他希望儿子首先学会做人。身为封建官吏，板桥将"读书中举、中进士、作官"视为小事，把做个明理之人当作大事。这在科举制度盛行、读书做官已成为个人追求和社会时尚的时代，是难能可贵的。体察板桥的爱子之心，我们可以感受到那种真正意义上的亲子之情的激荡，一种沉静平宁的儒家道德哲学的震颤。在中国文化传统的理性精神中，"修身、齐家、治国、平天下"这一封建理念被历史推崇到极致，成为最高境界的儒学概括。其中，"修身"是列于前位的。板桥以此作为教育儿子的首要原则，就是中国传统儒家道德范式的典型阐发。同时，板桥沉浮宦海，对当时读书做官的风气造成人心险恶和社会堕落的现象，有着较为清醒的认识，这是他鄙视升官发财，关注子女思想品德，重视做人教育的又一动因。

　　板桥教育儿子做人要做个"好人"。"好人"的内涵十分丰富，富于同情心，以仁爱为本是带有核心意义的内容。他把家中奴仆的子弟视为"天地间一般人"，要求儿子礼敬他们，与他们友爱相处。这既可以避免儿子沾染官宦人家的习气，又可以培养儿子平等互爱、竭诚相助的美德，有利于使他成为一个心地善良、富有同情心的"好人"。板桥以仁爱的情怀和敬恕的胸襟，对平民百姓承载的道德精神进行深沉思考。在他看来，平民百姓这一阶层的人最勤苦，最淳朴，也最高尚。他对儿女做人的道德规范，都是要求他们树立庶民的传统美德，追求庶民的淳朴美质，这是板桥民本思想的绝好演绎。

　　板桥还对"仁"作出了与孔孟不尽相同的解释。孟子认为："殃民者，不容于尧舜之世。"（《孟子·告子下》）板桥却指出："彰善瘅恶者，人道也；善恶无所不容纳者，天道也。"他认为，能美恶兼容的尧比扬善惩恶的舜要伟大。他认为凡事一旦做绝，不留一分，则必生弊病。在他看来,"天道"是客观事物的自然状态,仁爱之心对自然状态下一切存在的事物,包括毒蛇猛兽、罪孽深重之人都不可竭尽。这一善恶观显然源自佛教学说的影响,联系到板桥好交方外朋友,说明其人生观和历史观中并非仅儒学一家,还兼有佛学的影响。

潍县寄舍弟墨第三书

【箴言】

富贵足以愚人，而贫贱足以立志而浚慧。

择师为难，敬师为要。

富贵人家延师傅教子弟，至勤至切，而立学有成者，多出于附从①贫贱之家，而己之子弟不与焉。不数年间，变富贵为贫贱，有寄人门下者，有饿莩乞丐者。或仅守厥家，不失温饱，而目不识丁。或百中之一亦有发达者，其为文章，必不能沉着痛快，刻骨镂心，为世所传诵。岂非富贵足以愚人，而贫贱足以立志而浚慧乎！我虽微官，吾儿便是富贵子弟，其成其败，吾已置之不论；但得附从佳子弟有成，亦吾所大愿也。

至于延师傅，待同学，不可不慎。吾儿六岁，年最小，其同学长者当称为某先生，次亦称为某兄，不得直呼其名。纸笔墨砚，吾家所有，宜不时散给诸众同学。每见贫家之子，寡妇之儿，求十数钱，买川连纸②钉仿字簿，而十日不得者，当察其故而无意中与之。至阴雨不能即归，辄留饭；薄暮，以旧鞋与穿而去。彼父母之爱子，虽无佳好衣服，必制新鞋袜来上学堂，一遭泥泞，复制为难矣。

夫择师为难，敬师为要。择师不得不审，既择定矣，便当尊之敬之，何得复寻其短？吾人一涉宦途，即不能自课其子弟。其所延师，不过一方之秀，未必海内名流。或暗笑其非，或明指其误，为师者既不自安，而教法不能尽心；子弟复持藐忽心而不力于学，此最是受病处。不如就师之所长，且训吾子弟之不逮③。如必不可从，少待来年，更请他师；而年内之礼节尊崇，必不可废。

又有五言绝句四首，小儿顺口好读，令吾儿且读且唱，月下坐门槛上，唱与二太太④、两母亲⑤、叔叔、婶娘听，便好骗果子吃也。

二月卖新丝，五月粜新谷。
医得眼前疮，剜却心头肉。⑥

耘苗日正午，汗滴禾下土。
谁知盘中飧，粒粒皆辛苦。⑦

昨日入城市，归来泪满巾。
遍身罗绮者，不是养蚕人。⑧

九九八十一，穷汉受罪毕。
才得放脚眠，蚊虫（獝）〔蚙〕蚤出。⑨

[注释]

①附从：依附随从。古时富贵人家聘请塾师教子弟，有的允许邻近贫家子弟随读。

②川连纸：产于四川，为古代书画用纸。

③不逮：不及。

④二太太：指郑墨的母亲。

⑤两母亲：即郑板桥续弦夫人郭氏、妾饶氏。

⑥"二月"诗：为唐代诗人聂夷中《咏田家》前四句。

⑦"耘苗"诗：为唐代诗人李绅《悯农》二首之二。

⑧"昨日"诗：为宋代诗人张俞《蚕妇》。

⑨"九九"诗：为明清时北京地区谚语。

[评析]

　　板桥于乾隆十四年（1749）秋写此家书。他嘱咐郑墨为其子求师，教育儿子尊敬师长，友爱同学。不料其子刚入学，即病夭于兴化老家，是年板桥已五十七岁。

　　板桥注重家教，亦重视师教。在《潍县署中寄内子》中说："儿辈读书督促之责，教师负十分之六，父母负十分之四，散学后教管之责，全在尔身。"虽然这里把家教和师教之责"四六开"未必科学，但其强调家教与师教良好配合，共同承担教育子女责任的认识，无疑是正确的。同时，板桥认为尊师敬师比择师更重要："夫择师为难，敬师为要。择师不得不审，既择定矣，便当尊之敬之，何得复寻其短？"他对师之短长有清醒的认识和中肯的评价，希望家长能扬师之所长，引导子弟敬重老师，并把这作为家教的内容之一。

　　板桥唯恐儿子滋生富贵子弟的不良习气。在封建社会，富家子弟不求上进而家道败落，贫家子弟立志发愤而卓有成就的现象屡见不鲜。板桥有感于"富贵足以愚人，而贫贱足以立志而浚慧"，在此信里重申平等待人的家训，希望儿子磨炼仁善的美德。他极其细腻地关照儿子如何称呼学友、馈赠文具和日常生活用品，尤其强调态度要卑微，行事不倨傲，可谓用心良苦。

信末，板桥抄录四首五言绝句，令儿子"且读且唱"，目的当然不是"好骗果子吃也"，而是要儿子从小体恤务农的艰辛，同情农民受到的不平等待遇，把农本思想世世代代传下去。

板桥教子并非说教，而是身心均能到位的操行自律。他不仅严格而具体地规范子弟的行为，而且以历练人生的自觉形式达到灌输道德守则的目的，从而成为后辈师法的典范。他在潍县的所作所为即是明证。板桥到任之日，潍县生灵涂炭，哀鸿遍野。为救济灾民，板桥顶风犯上，连连上本请求救济。在最危难之时，毅然自作主张开仓放粮。他甚至大胆用诗歌讽喻劝谏顶头上司——山东巡抚包括，诗云："衙斋卧听萧萧竹，疑是民间疾苦声。些小吾曹州县吏，一枝一叶总关情。"（《潍县署中画竹呈年伯包大中丞括》）板桥还不惜得罪当地很有权势的富商巨贾，责令他们将积粟按通常市价卖给饥民。又以修城为名，动员他们捐资捐粮。他自己也节衣缩食，捐出官俸，并刻印章"恨不得填漫了普天饥债"以志。眼见大灾之年的秋后又是歉收，板桥把春天放赈时灾民的借条统统付之一炬，使饥民"活者无算"。板桥终因为民求赈开罪豪绅，惹怒上司，被罗织罪名，褫职罢官。启程前，他画竹赠别潍县士民，并题诗道："乌纱掷去不为官，囊橐萧萧两袖寒。写取一枝清瘦竹，秋风江上作渔竿。"（《予告归里画竹别潍县绅士民》）去官之日，板桥仅雇用三头毛驴，带着他的全部家私：简单的行李、两夹板书和一把叫阮咸的乐器上路了。县民夹道送行，牵衣号哭，送出百里。所有这一切，都是板桥体恤百姓，推崇农本思想，并为之奋斗不已的真实写照。为此，他成为潍县人民崇拜的"三贤祠"里的首贤，至今仍为广大人民所怀念和歌颂。

潍县寄舍弟墨第四书

【箴言】

人有负于书耳,书亦何负于人哉!

凡人读书,原拿不定发达。然即不发达,要不可以不读书,主意便拿定也。科名不来,学问在我,原不是折本的买卖。愚兄而今已发达矣,人亦共称愚兄为善读书矣。究竟自问胸中担得出几卷书来?不过(那)〔挪〕移借贷,改窜添补,便尔①钓名欺世。人有负于书耳,书亦何负于人哉!昔有人问沈近思②侍郎,如何是救贫的良法?沈曰:读书。其人以为迂阔,其实不迂阔也。东投西窜,费时失业,徒丧其品,而卒归于无济,何如优游书史中,不求获而得力在眉睫间乎!信此言,则富贵;不信,则贫贱,亦在人之有识与有决并有忍③耳。

[注释]

①尔:如此,这样。

②沈近思:字位山,浙江钱塘人,康熙年间进士,雍正二年(1724)任吏部侍郎。年幼时家贫,于杭州灵隐寺为僧,主张以读书疗贫。

③忍:忍性,耐性。

[评析]

潍县百姓自板桥到任前一年,遭受饥馑和苦旱,至乾隆十三年

（1748），灾情才渐渐缓解，饥民也由关外络绎返乡。板桥曾撰《还家行》记其事，生动再现由于饥荒造成的家庭悲剧。板桥一到潍县任职，即全力投入救助灾民的工作。他为此奋斗了好几年，在潍县灾情缓解后，他开始有了闲情来思考文艺创作的有关问题和整理他的生平作品。乾隆十三年（1748）写的《与江宾谷、江禹九书》，提出了一个重要的文学创作原则——"学者当自树其帜"，同当时风靡文坛的形式主义、拟古主义文风分庭抗礼。乾隆十四年（1749），他重订了给郑墨的十六通家书和《诗钞》《词钞》，并手书付梓，由门人司徒文膏刻板。板桥此次筛选作品极其认真，我们现在所能看到的他给堂弟、妻子、儿子、表弟的家书，至少有五六十通，已失传的当更不计其数。而他只收了十六通，可见取舍的认真程度。对诗词选得更精。《后刻诗序》说："姑更定前稿，复刻数十首于后，此后更不作矣"，"死后如有托名翻板，将平日无聊应酬之作，改窜烂入，吾必为厉鬼以击其脑"。

据此，板桥这段时间的家信，也以谈论读书、作文之道为主。在这封信里，他着重强调读书的重要性。

读书在人生中至重至要，板桥认为它胜过一切，是摆脱贫困、求取富贵的捷径。从信中所言"愚兄而今已发达矣，人亦共称愚兄为善读书矣"及"信此言，则富贵；不信，则贫贱"等，可见他是"学而优则仕"的既得利益者，他的强调读书，有着告诫子弟通过读书改变命运的意思。

但封建时代的读书人在获取功名之前，读的几乎都是八股试帖之类的闱墨文字，与真正的学问无甚关联。板桥似乎也意识到自己身上存在的读书人固有的这种毛病，从而更强调"优游书史中，不求获而得力在眉睫间"。显然，他不仅把读书看作做官的敲门砖，也把好好读书视为至关紧要和快乐的事情。真可谓"万般皆下品，唯有读书高"，表现了一种典型的儒风。其中的"人有负于书耳，书亦何负于人哉"，超凡脱俗，颇具警句的意味。

潍县署中与舍弟第五书

【笺言】

　　文章以沉着痛快为最,《左》、《史》、《庄》、《骚》、杜诗、韩文是也。

　　无论时文①、古文、诗歌、词赋,皆谓之文章。今人鄙薄时文,几欲(进)〔摒〕诸笔墨之外,何太甚也?将毋丑其貌而不鉴其深乎!愚谓本朝文章,当以方百川制艺为第一,侯朝宗②古文次之,其他歌诗辞赋,扯东补西,拖张拽李,皆拾古人之唾余,不能贯串,以无真气③故也。百川时文精粹湛深,抽心苗,发奥旨,绘物态,状人情,千回百折而卒造乎浅近。朝宗古文标新领异,指画目前,绝不受古人羁绁④。然语不遒⑤,气不深,终让百川一席。忆予幼时,行匧中惟徐天池⑥《四声猿》⑦、方百川制艺二种,读之数十年,未能得力,亦不撒手,相与终焉而已。世人读《牡丹亭》⑧而不读《四声猿》,何故?

　　文章以沉着痛快⑨为最,《左》、《史》、《庄》、《骚》、杜诗、韩文是也。间有一二不尽之言,言外之意,以少少许胜多多许者,是他一枝一节好处,非六君子本色。而世间妮妮⑩纤小之夫,专以此为能,谓文章不可说破,不宜道尽,遂訾⑪人为刺刺不休⑫。夫所谓刺刺不休者,无益之言,道三不着两耳。至若敷陈⑬帝王之事业,歌咏百姓之勤苦,剖晰圣贤之精义,描摹英杰之风猷,岂一言两语所能了事？岂言外有言，味外取味者，所能秉笔而快书乎？吾知其必目昏心乱，颠倒拖沓，无所措其手足也。王、孟⑭诗原有实落不可磨灭处，只因务为修洁，到不得李、杜沉雄。司空表圣⑮自以为得味外味，又下于王、孟一二等。至今之小夫⑯，不及王、孟、司空万万，专以意外言外，自文其陋，可笑也。若绝句诗、小令词，则必以意外言外取胜矣。

"宵寐匪祯，札闼洪庥。"⑰以此誉人，是欧公正当处，然亦有浅易之病。"逸马杀犬于道"⑱，是欧公简炼处，然《五代史》亦有太简之病。高密单进士烺⑲曰："不是好议古人，无非求其至是。"

写字作画是雅事，亦是俗事。大丈夫不能立功天地，字⑳养生民，而以区区笔墨供人玩好，非俗事而何？东坡居士刻刻以天地万物为心，以其余闲作为枯木竹石，不害也。若王摩诘㉑、赵子昂㉒辈，不过唐、宋间两画师耳！试看其平生诗文，可曾一句道着民间痛痒？设以房、杜㉓、姚、宋㉔在前，韩、范、富、欧阳㉕在后，而以二子厕乎其间，吾不知其居何等而立何地矣！门馆㉖才情，游客㉗伎俩，只合剪树枝、造亭榭、辨古玩、斗茗茶，为扫除小吏作头目而已，何足数哉！何足数哉！愚兄少而无业，长而无成，老而穷窘，不得已亦借此笔墨为糊口觅食之资，其实可羞可贱。愿吾弟发愤自雄，勿蹈乃兄故辙也。古人云："诸葛君真名士。"㉘"名士"二字，是诸葛才当受得起。近日写字作画，满街都是名士，岂不令诸葛怀羞，高人齿冷？

[注释]

①时文：指八股文。

②侯朝宗：侯方域，字朝宗，明末复社首领，文学家。清初参加科举考试，其古文为当时所推崇。

③气：指文章的内在气势。

④羁绁（xiè）：束缚，牵制。羁，马络头，引申为拘束、束缚。绁，牵牲口的绳子。

⑤遒：刚劲，有力。

⑥徐天池：徐渭，字文长，号天池山人，明代文学家、书画家。

⑦《四声猿》：徐渭四部杂剧的合集，包括《狂鼓史渔阳三弄》《玉禅师翠乡一梦》《雌木兰替父从军》《女状元辞凰得凤》。

⑧《牡丹亭》：明代汤显祖所作传奇剧，写杜丽娘和柳梦梅的爱情故事。

⑨沉着痛快：深沉切实，淋漓酣畅。宋严羽《沧浪诗话·诗辩》云："诗之品有九……其大概有二：曰优游不迫，曰沉着痛快。"

⑩娖（chuò）娖：谨慎小心的样子。

⑪訾（zǐ）：毁谤，诋毁，非议。

⑫刺刺不休：说话没完没了。

⑬敷陈：详细叙述。

⑭王、孟：王维、孟浩然，均为唐代诗人。

⑮司空表圣：司空图，字表圣，唐代诗评家。

⑯小夫：无名之辈。

⑰"宵寐匪祯，札闼洪麻"：用冷僻隐晦的字眼表达浅易平常内容的文字游戏，意为夜梦不祥，题门大吉。据说欧阳修戏题此八个字，讽刺宋祁在撰《新唐书》时爱用艰涩字眼。

⑱"逸马杀犬于道"：《唐宋八家丛话》载："（欧阳）公在翰林日，与同院出游，有奔马毙犬于道。公曰：'试书其事。'同院曰：'有犬卧通衢，逸马蹄而死之。'公曰：'使子修史，万卷未已也。'曰：'内翰以为

何如?'曰:'逸马杀犬于道。'"

⑲单进士烺:单烺,字曜灵,乾隆四年(1739)中进士,清代官员。

⑳字:哺育。

㉑王摩诘:王维,字摩诘,唐代诗人。

㉒赵子昂:赵孟頫,字子昂,元代书画家。

㉓房、杜:房玄龄和杜如晦,唐太宗时的两位名相。

㉔姚、宋:姚崇和宋璟,唐玄宗时的两位名相。

㉕韩、范、富、欧阳:韩琦、范仲淹、富弼和欧阳修,四人均为宋仁宗时的贤臣。

㉖门馆:此指塾师。

㉗游客:此指在显贵人家为清客之士。

㉘"诸葛君真名士":三国时司马懿对诸葛亮的评语。

[评析]

作八股文是明清科考的必修课。何谓八股文?就是由破题、承题、起讲、入手、起股、中股、后股、束股八部分组成的文章。题目主要摘自"四书",甚至把"四书"中本来有固定内容的句子割裂成全无道理的题目,所论内容也要根据朱熹的《四书集注》等书来发挥,不可自抒己见。八股文如此严谨拘板的格式、狭窄受限的内容,对个性的伸展、情感的抒发以及形象思维的表达都有很大的束缚。因此,它往往为一些古文学家所不齿。如明末清初思想家、学者顾炎武谓八股文之害甚于焚书,他与黄宗羲等人痛矫时文之陋,主张治学"经世致用",弃虚崇实,力挽颓风。

板桥生性豪放狂宕,对《左传》《史记》之类的古文又极热爱,且钻研极深。按理,他应该赞同顾炎武和黄宗羲的主张,但他对八股文却有着特殊的爱好。《板桥自叙》云:"明清两朝,以制艺取士,虽有奇才异能,必从此出,乃为正途。其理愈求而愈精,其法愈求而愈密。鞭心入微，才力与学力俱无可恃，庶几弹丸脱手时乎？"他在此信中亦将八股文与"古文、诗歌、词赋"并称，谓"本朝文章，当以方百川制艺为第一"。幼时其行囊中时刻不离的两本书，一本是徐渭的《四声猿》，一本就是方百川的制艺文。一方面，板桥积极主张文章应"道着民间痛痒"，力主现实主义的创作方法；另一方面，他又极力为八股文辩护，推崇这种形式古板、内容空洞的文体，这常常使人费解。板桥幼随父学，又师从陆震，养成了积极进取的用世思想，但慈父早逝、发妻病亡、娇儿夭折、屡试不第、穷困潦倒等一系列人生打击，又使他强烈不满于世俗，产生逆反心理，形成狂怪性格。这些都有可能导致其理性的裂变、自我的丧失和怪异的心态。

板桥此信还着重论述了文学艺术的审美风格。在他看来，"沉着痛快"是文章的最高境界，任何虚饰和隐讳都是不可取的。因为"敷陈帝王之事业，歌咏百姓之勤苦，剖晰圣贤之精义，描摹英杰之风猷"，这些都不是一两句话就能交代得清楚明白的，必须实实在在地叙写，痛痛快快地议论。他对那些不关心国事民情、光耍弄笔墨的文人嗤之以鼻，批评王维、赵孟𫖯平生诗文不曾有一句"道着民间痛痒"，"不过唐、宋间两画师耳"！虽显偏激，对王、赵的评价也失公允，但其观点是鲜明的。他的《偶然作》中亦有："歌钟连戚里，诗句钦王侯，浪膺才子称，何与民瘼求？"与这里的观点是一致的。

信中还讨论了文章的风格问题。一方面，板桥奉《左》、《史》、《庄》、《骚》、杜诗、韩文为圭臬，认为"文章以沉着痛快为最"；另一方面，他并没有简单地全盘否定"意外之意""言外之言"，而是采取具体分析的态度，指出"若绝句诗、小令词，则必以意外言外取胜矣"。应该说，板桥在强调"沉着痛快"这一审美风格的同时，还认识到了不同体裁的文学作品有着不同的美学特征，因而也应有不同的审美要求，这是很有见地的。

增补家书

与四弟书

郭奶奶不肯来，亦怪不得。但愚兄迩日①年老近道，盖其心本平易协和。昨因有儿子，故凡事听其大概。今儿子又死，非郭奶奶不能为我生儿也。我已买得滚盘珠十二颗，虽颗头略小，亦可值百二十金。又买得古镜一百面，亦可值百金。都要付与郭奶奶收掌。将来卖出本钱，制市房②一所，亦是二位奶奶养老之资也。若决意不来，我亦不怪，但成我平生之过，终古之罪人耳。此时先着人来，带裱背匠③，俟④我出场后，再着人来请二位奶奶。我因郭奶奶不肯来，故书中细细说明当来之故。饶奶奶无不来之说，故不必喋喋重言也。我历观书史，有儿无儿，自有大命。郭奶来，或可望，若再买丫头，作死作业，亦殊可笑尔。四弟将书中意，细讲与郭奶奶听。哥哥字。

[注释]

①迩日：近日。

②市房：店房，店屋。

③裱背匠：也作"裱褙匠"。装潢或修补书画的工匠。

④俟：等待。

与墨弟书

来银三十两，大女儿与之三两，余留家用。华灿所当①，已与银令其自赎矣。

初到杭州，吴太守甚喜，请酒一次、请游湖一次、送下程②一次、送绸缎礼物一次、送银四十两。郑分司与认族谊，因令兄八哥十哥在扬州原有一拜；甚亲厚，请七八次、游湖两次、送银十六两。但盘费不少，故无多带回也。

掖县教谕孙升任乌程知县，与我旧不相合。杭州太守为之和解，前憾尽释③。而湖州太守李公讳堂者，壬戌进士，久知我名，硬夺杭守字画。孙乌程是其下属，欲逢迎之，强拉入湖州作一月游。其供给甚盛，姑且游诸名山以自适。第一是过钱塘江，探禹穴、游兰亭，往来山阴道上，是平生快举；而吼山尤妙，待归来一一言之。华灿且留住数日，我于端午后必回。

兄燮与墨弟。

[**注释**]

①当：指典当。

②下程：饯别。此指回程礼品。

③前憾尽释：所有的前嫌都化解了。

焦山读书覆墨弟

　　来书促兄返里，并询及寺中独学无友，何竟留连而忘返。噫！兄固未尝忘情于家室，盖为有迫而使然耳。忆自名列胶庠①，交友日广，其间意气相投，道义相合，堪资以切磋琢磨者，几如凤毛麟角，而标榜声华，营私结党，几为一般俗士之通病。于其②滥交招损，宁使孤陋寡闻。焦山读书，即为避友计。兼之家道寒素，愚兄既不能执御执射③，又不能务农务商，则救贫之策，只有读书，但须简练揣摩，方有成效。不观夫④苏季子⑤初次谒秦王不用，懊丧归里，发箧读太公⑥《阴符》之书，日夜攻苦，功成复出，取得六国相印。于以知大丈夫之取功名、享富贵，只凭一己之学问与才干，若欲攀龙附凤，托赖朋辈之提拔者，乃属悻进小人。愚兄秀才耳，比较六国封相之苏秦，固然拟不与伦；而比较敝裘返里之苏秦，尚觉稍胜一筹。且焉⑦学问之道，与其求助于今友，不如私淑⑧于古人。凡经史子集中，王侯将相治国平天下之要道，才人名士之文章经济，包罗万象，无体不备。只须破功夫悉心研究，则登贤书，入词苑，亦易事耳。愚兄计赴秋闱⑨三次，前两届均未出房⑩，因此赴焦山发愤读书。客岁恩科⑪，竟获荐卷，旋因额满见遗。具见山寺读书较有裨益，再化一二年面壁⑫之功，以待下届入场鏖战，倘侥幸夺得锦标，乃祖宗之积德；仍不幸而名落孙山，乃愚兄之薄福，当舍弃文艺，专攻绘事，亦可名利兼收也。焦山之行止，亦于那时告结束。哥哥字。

[**注释**]

①胶庠（xiáng）：学校。胶，周代的大学。庠，古代的学校。

②于其：与其。

③执御执射：此指治国平天下的本领。御、射，古代学校教育的六艺中的两项内容。六艺还包括礼、乐、书、数。

④夫：发语词，无义。

⑤苏季子：苏秦，战国时代的谋士。

⑥太公：姜子牙。

⑦且焉：犹且夫，况且。

⑧私淑：未能亲自授业，但敬仰其学问，并尊之为师。

⑨秋闱：明清两代科举制度，乡试在秋季举行，也叫秋试。

⑩未出房：指落第。出房，指中选。

⑪恩科：每三年正科之外的科举考试，遇皇帝即位及皇家庆典时加科。始于宋代，明清沿用。

⑫面壁：佛教用语。指面对墙壁默坐静修。后指专心于学业。

焦山别峰庵覆四弟墨

　　焦山与乡里，只隔一衣带水，苇航①可渡，而我之足迹，竟百日未涉里门者，犹恐目睹家事纷纭，累我弟仔肩②独任，于心不安，势必苟安家食，终止焦山之行，于学业未免可惜。两害相衡取其轻，忍心放弃米盐琐屑事，专攻学业，以致家门在望，如隔万里关山。而今接展来函，事事详明，顿释我内顾之忧，忻③甚，慰甚。近作律诗四首，造意颇新，惟对仗少工，间有一二欠斟酌字，已为改正加批。我弟素抱樊迟学稼④之志，今何动贾岛推敲之兴⑤，殆慕雅人之韵事欤，抑效法阿兄揣摩词章考据，以求功名乎？若为功名计，须研究制艺，当选读韩慕庐文四五十篇，苟能背诵如流，则下笔作文，思潮坌涌⑥，不患枯涩矣。我弟天资聪颖，苟堪下帷攻苦，三年目不窥园，则将来成就，定能出人头地。然而我弟素慕高士之风，视功名若敝屣，今又学诗而不学文，决无猎取功名之想，殆为遣怀寄兴之作耳。从此多作诗亦甚好，虽不能充饥御寒，却可稍博微名，涤除俗气。但须有志有恒，多读多作，方有成就。选读古诗，须有精当之抉择。盖唐、宋诗家，各有所长，例如少陵⑦诗，圣品也；太白⑧诗，仙品也；摩诘⑨诗，贵品也；退之⑩诗，逸品也。此四人均足为后学楷模，宜各选绝律古风若干首，抄录汇订，置诸案头，得闲吟诵，裨益非浅。且焉作诗能解人愁怀，鼓人兴致，所以历来达官显宦，不得志于时，而退职闲居者，都以推敲作消遣。我弟素志高尚，不慕虚荣，若能诗笔超脱，不落时下窠臼，凡"引兴长""多雅趣"等之敷泛语，扫除不用，庶乎近之。哥哥覆。

[**注释**]

①苇航：船渡。苇，言船小如苇叶。

②仔肩：担负，承担。

③忻（xīn）：同"欣"。

④樊迟学稼：樊迟，名须，字子迟，孔子的弟子。《论语·子路》："樊迟请学稼。子曰：'吾不如老农。'"

⑤贾岛推敲之兴：此指作诗。唐代诗人贾岛赴京师，骑驴作诗，得"鸟宿池边树，僧敲月下门"之句，又欲将"敲"改为"推"，反复吟哦之时，恰遇韩愈，言用"敲"字为佳。

⑥坌（bèn）涌：一齐涌出。

⑦少陵：杜甫，自号"少陵野老"，唐代诗人。

⑧太白：李白，字太白，唐代诗人。

⑨摩诘：王维，字摩诘，唐代诗人。

⑩退之：韩愈，字退之，唐代文学家。

寄墨弟自焦山发

梅雨连朝，经旬始霁。满山瀑布激冲，一派江潮怒涨，水势顿高数尺，窃叹者番①风伯雨师②，亦太恶作剧矣。山坳茅舍，江干③草篷，倾圮者不计其数。今晨主客师语我云，金陵圣庙宫墙，亦被风雨摧倒数丈。噫！圣庙工程何等坚固，自建筑至今，已阅数千年，经历之暴风急雨，不胜以偻指计，而至今宫墙间苔痕尺许厚，不类有倾倒重砌象，何独不耐今届之风雨而倾颓乎？无他，盖因金陵城中龌龊秀才满坑满谷；现任教谕④，亦属胸中绝无点墨者。斯文扫地，辱没圣门，孔子岂容若辈列门墙，故特毁墙以示驱逐之意，殆其然乎？则予亦复何言哉！复何言哉！

[**注释**]

①者番：这番。

②风伯雨师：古代神话中的风神、雨神。

③江干：江边。

④教谕：学官名。掌管文庙祭祀，训诲所属生员。

仪征客邸覆文弟

苍头①王昇来仪②，接展我弟来书，殷殷③以画竹法相询，并嘱绘尺页，以资临摹。我弟误矣，问途于盲，焉能指迷！愚兄之画竹，信笔乱涂，并无师承。本来画墨竹，幽人韵士聊以抒写性情，故画有六法，惟竹与兰不与焉。按画墨竹之始创者为唐张立，王摩诘亦擅墨竹。五代郭崇韬之妻李夫人临摹窗上竹影，别成一派。更有黄筌父子，崔白弟昆，皆工墨竹，笔致精细，神妙入微。宋元以降，有文湖州④、苏东坡、赵孟坚、孟頫、仲穆、管仲姬⑤、吴仲圭⑥、倪云林等。诸子中惟湖州笔法最臻神化，其布局，有浅深层次、向背照应之分；其补地，有邱石泉壑、荆棘野草之变化；其点景，有烟云雪月、风晴雨露之烘托；是惟意在笔先，始能笔超法外。诚为画墨竹之圣手，东坡与之同时，尚北面事之也。其后金之完颜樗轩⑦，元之李息斋⑧父子、自然老人、乐善老人、明之王孟端⑨、夏仲昭⑩，都师法湖州兼师东坡。湖州、息斋各立墨竹谱以传厥派，后世师承其法者，代有传人。更有写墨而兼擅钩勒着色者，有王澹远、黄华老人、吴道子；画紫竹者有程堂；画朱竹者有宋仲温⑪；画雪竹者有解处中⑫；此犹如禅宗中之别派也。老弟素习传神，亦属执艺之一，似当专心研究，不宜分心旁务，则业精于勤，必能出人头地。质之老弟，以为如何？毕竟与我有同嗜，将笑愚兄鄙吝区区画法，毫无手足之情，则我岂敢！还望少安毋躁，容待尽我所能，笔之于纸而见赠焉。兄板桥手草。

[注释]

①苍头：仆人。

②仪：仪真，地名。今江苏仪征。

③殷殷：恳切。

④文湖州：文同，北宋画家。

⑤管仲姬：赵孟頫妻，名道昇，字仲姬。

⑥吴仲圭：吴镇，字仲圭，元代画家。

⑦完颜樗轩：完颜璹，号樗轩居士，金代书画家。

⑧李息斋：李衎，号息斋道人，元代画家。

⑨王孟端：王绂，字孟端，明代画家。

⑩夏仲昭：夏昶，字仲昭，明代书画家。

⑪宋仲温：宋克，字仲温，明代书画家。

⑫解处中：南唐画家，曾为翰林司艺，俗称解将军。

再覆文弟

　　接展来函，谦抑之怀，溢于纸背，相较狂兄以骂人为胜者，大相径庭也。所云"传神为俗笔，俗人赖以谋温饱者"，此语失之自轻。夫技艺只分高下，不别雅俗，圣门六艺，各有专执，御车之役，更俗于传神万万，未闻七十子之徒①鄙视之而不屑为。况吾宗都系寒素②，技艺即为生活之资本，宜郑重视之，精益求精，庶足赖以谋温饱。我弟虚心若谷，谅③不以斯④言为河汉⑤也。又云"画竹雅事，雅人所赖以抒性情"者，洵⑥哉是言。老弟既然道得破画竹主旨，愚兄敢不竭诚相告。惟余不喜钩勒着色，所以只论写墨。

　　凡画墨竹，分立竿、添节、画枝、画叶四法，循序而行。起笔先立竿留节，梢与根须短，中竿须长，又贵长短各殊，最忌一律，使落呆板。竿宜两边如界。节贵上下相承，其形若半环。若画一二竿，墨色可随意；画三竿以上者，前者墨宜浓，后者墨宜淡，始有前后之别。梢至根，虽一节节画出，而笔意须贯穿。立竿既定，随手画节，上节须覆盖下节，下节须承接上节，中虽断，笔意须连属。落笔不可太弯，不可太远，不可齐大，不可齐小，宜两头粗，中间细，宜两头放起，中间落下，始见全竿圆浑而得势矣。画枝须枝枝著节，行笔须迅速，迟缓则无生气。用笔须遒健圆劲，始有生意。嫩枝须和柔而顺，其节小；老枝须挺拔而起，其节大。枝覆者叶多，枝昂者叶少。风枝欹斜，雨枝下垂，贵在描摹得神也。画叶须一抹而成，行笔愈速愈妙，少迟留便呆笨失势。写墨竹惟画叶为最难，下笔要劲利，实按而虚起，须有破法搭法；墨色须有浓淡，则老嫩反正分明矣。更有七忌：一忌孤生，二忌并立，三忌如叉，四忌如井，五忌如手指，六忌粗如桃叶，七忌细如柳叶。避免七忌，又须参以四宜：雨叶宜垂，露叶宜润，风叶宜翻，雪叶宜压。更有八法须知：老嫩须别，阴阳须分，春叶须嫩而上承，夏叶须浓而下俯，秋叶须带萧疏之态，冬叶须具苍老之形，风叶无一字之排，雨叶无人字之列。画竹之法虽不仅此数端，而我弟天资聪颖，得此数语，定能举一反三，将来成一画竹能手，愚兄亦与有荣也。兄板桥手草。

[注释]

①七十子之徒：相传孔子有贤弟子七十。

②寒素：寒微，寒苦。

③谅：估量，料想。

④斯：此。

⑤河汉：天河，喻天方夜谭。

⑥洵（xún）：诚然，的确。

仪征客舍寄内子①

苍头至，知内弟②之变，泫然③久之。窃叹造物之生人亦太酷矣，既赋其才，当永其年；既促其年，何必畀④其才？颜渊短命，遗恨千秋。夫予之同学共一十七人，而道德文章能令我心折者，惟内弟一人耳。而今人间天上，觌⑤面无由；流水高山，知音谁属？岂不痛哉！爰和泪率成挽联十六字曰：爱君之才，悲君之命；先我而死，后我而生。已遣郑福送去，并送奠礼二十千。待设奠日，尔只须备香烛往吊，不必再送礼敬。临书惘然，不尽欲言。

[注释]

①内子：妻子。此指续弦郭氏。

②内弟：妻弟。

③泫（xuàn）然：下泪貌。

④畀（bì）：给与。

⑤觌（dí）：见。

范县署中寄郝表弟

　　墓地风水，原属堪舆家①借以惑人利己之言，不足取征者也。语云"墓地好不如心地好"。苟子孙心地恶，祖宗虽葬好地，不兴发；子孙心地好，祖宗虽葬恶地，亦得兴发。故范文正公②见五绝③之地，不忍遗祸他人，安葬其父母，竟得飞黄腾达，位至宰相，足见好心地可以移转恶风水。于其登山涉水，踏破铁鞋，觅不到牛眠善地④，不如清夜扪⑤心，自省方寸间之心地，对于父母无愧怍，对于自己无暴弃，对于世人无欺诈，即可将父母之灵魂安葬心田，其遗骸尽可随意处置，但求入土为安。故先严先慈之遗柩，即葬于刹院寺之老坟。

　　贵庄旧有墓田一块，先严生前满拟购置，旋⑥因田中有孤坟一座，不忍平人之冢以作己冢，因是中止。然而此地既主出售，价值十二两，又极克己，世人未必尽若先严，都存不忍铲墓之心，必然贪廉争购，至今未识有主与否？如未卖去，愿出十二金得之，以作愚夫妇之寿穴。留此孤坟一角，以作牛眠长伴，生前预结鬼邻，死后不虞⑦寂寞，亦属狂生之韵事。当自撰碑记，刻石示子孙，于祭扫时，多备一分卮酒麦饭，奠此孤坟，永著为例，以竟先君仁厚之意。专此拜托。伫⑧盼覆音。

[注释]

　　①堪舆家：俗称风水先生。堪舆，即风水，迷信术数的一种。

②范文正公：范仲淹，字希文。北宋政治家、文学家，卒谥文正。

③五绝：具体说法不一。中医谓缢死、压死、溺死、魇死、产乳五种非正常死亡。

④牛眠善地：《晋书·周光传》："初，陶侃微时，丁艰，将葬，家中忽失牛而不知所在。遇一老父，谓曰：'前冈见一牛眠山污中，其地若葬，位极人臣矣。'"后世因称做坟的吉地为"牛眠地"。"牛眠善地"当同此义。

⑤扪（mén）：按，摸。

⑥旋：不久，随即。

⑦虞：担忧。

⑧伫（zhù）：长时间站立，有所等待。

范县署中寄郝表弟

　　范县风俗惇厚，四民①各安其业，不喜干涉闲事，因此讼案稀少，衙署多暇。闲来惟有饮酒看花，醉后击桌高歌，声达户外，一般皂隶闻之，咸窃窃私相告语，谓主人殆②其滇③乎？语为雏婢所闻，奔告内子，旋来规劝曰：历来只有狂士狂生，未闻有狂官，请勿再萌故态，滋腾物议④。从此杯中物，必待黄昏退食，方得略饮三壶。受此压制，殊令人不耐。继思劝我少饮，是属善意，遂与之相约，每晚罄⑤十壶而后睡，次晨宿醒⑥已解，从政自无妨碍矣。然而较之在焦山读书时，每饭必得畅饮，其苦乐迥不相同。所以古人不肯为五斗米折腰⑦，良有以⑧也。我今直视靴帽如桎梏，奈何，奈何！老表是我之酒友，惠然肯来，欣甚！慰甚！当下榻相迎，共谋痛饮也。临颖⑨不胜伫望之至。

[注释]

　　①四民：指士、农、工、商。

　　②殆：几乎，差不多。

　　③滇：同"颠"。

　　④物议：众人的批评。

　　⑤罄：通"磬"，尽，空。

　　⑥醒（chéng）：酒醉后神志不清。

　　⑦为五斗米折腰：晋陶渊明为彭泽县令，后挂印辞官，曰："吾不为

五斗米而折腰事乡里小人。"

⑧以：因，缘由。

⑨临颖：犹临笔。常用于书信。颖，毛笔尖，代指毛笔。

范县署中覆郝表弟

台驾不来，好音先至，亦足以稍慰予怀。墓田既被捷足者先得，诚属愚兄疏忽之咎。至于该田风水，四面环河，后靠土山，不待堪舆家言，一望而知为牛眠佳地，我本不信风水，自先父母安葬后，阅三年即登贤书，成进士，出宰此邑，殊令人不能不信风水之得力也。贵庄墓田既为农家所得，至今仍事种植，固可设法收买。但田价须溢出两倍，比较旧时价格，虽较昂贵，然而物价早晚不同，何况相隔已阅十余年。沧海桑田，变迁无定，涨价又属居奇惯例，既目为奇货而欲得之，三十六金，自不能短其分毫。老表弟既有来范之约，请挈①同田主偕来，当场叙券。倘田主吝惜川资，即烦老表与之立券交易，垫款容后归赵②。拜托拜托。

[注释]

①挈（qiè）：带领。

②归赵：归还。此用战国时赵国蔺相如完璧归赵的典故。

范县署中寄四弟墨

自三月十日发信后，至今未寄一信，懒握管也。不料我弟更懒于愚兄，二月余无片纸报我，虽知家口平安，似无须竹报[①]，然而收信后必当答复，否则遗失与否，亦无从稽考矣。余于五月初七日移寓署后邓氏花园，缘署屋系前朝建筑物，低而狭，黄梅时节，潮湿难堪，触发余之湿疾，饮食无味，两足亦溃烂。请医生调治，谓宜择居高厦。邓园房屋轩敞，花草清幽，主人挈眷赴京，遂得赁居之，月化租金六十千。与县署只隔一巷，朝往夕来，尚觉便利。

署中讼案虽简，奈盗案较多，鞫讯口供，殊费周折。有一盗名毛老哥子者，审十七次始得画供，已觉磨烦[②]极矣，不料解省依旧翻供，发回再审，至今犹在范县狱中。近时求书画者，较往年更增数倍，都属同年同寅及巨绅，大抵挟赠物而来，势不得不为之一挥。早知今日，悔不当初不习画，则今日可减却一半磨烦。余年将届五十矣，而膝下仅有一女，望子情殷，思积些功德，所以治盗主捕而不主杀，问供亦不尚严刑。岂知姑息养奸，翻供愈多。现遇盗案，皆委王捕厅代审，省却烦恼不少。内子现又有喜，大约八九月间生产，未识可有梦熊[③]之兆否？哥哥字。

[注释]

①竹报：指家书，此用作动词。

②磨烦：麻烦，烦恼。

③梦熊：古代迷信，以梦中见熊为生男的吉兆。《诗经·小雅·斯干》："吉梦维何？维熊维罴。"

范县署中覆四弟墨

前月寄来之时文五篇，排律诗五首，惟《桐荫》课文清顺无疵，诗亦稳练。《吾日三省吾身》题，殊嫌渣滓未净。《来朝走马》题，词句殊欠圆足，笔致亦不超脱。我弟既学文，当求议论纵横，则笔下自有才气。一落平庸，难脱陈腐气。我弟年将三十，不为少矣，今科若能入泮①，固当揣摩先辈大家文。若不幸名落孙山，亦当改弦易辙，专心从事乡场制艺，三年有成，可以纳粟入闱②。天资不凡，登贤书③，亦属意中事耳。若再役役④于小题考卷，年过三十而业不精、名不成，必遗后悔，宜早图之。惟作大题文，务求语意浑括，气机充畅，最忌意浅词卑，一挑半剔，戒之！勉之！哥哥字。

[注释]

①入泮（pàn）：考中秀才。

②入闱：应试。闱，试院。

③登贤书：指中举。

④役役：犹孜孜，劳心费神。

再覆四弟墨

　　弟之祖父母父母,即余之祖父母父母。弟孝思不匮,嘱余报部请貤封①,还是前年春间,我弟来署时,与余面谈者,虽系酒筵对语,至今犹在心头。而来函责余贪杯忘祖,殊属误会。余虽狂而好酒,断不至于忘怀养育之恩。实因请封必待覃恩②之年,如遇万寿,或遇大婚,或遇登极,方可援例报部。此二年中,遭逢不偶,人子纵有请封之意,圣主不沛锡典之恩,惟有守待太后万寿③,始可报部请貤封祖父母、父母,且可诰赠曾祖父母。所以书写貤封官衔,必以"覃恩"二字冠顶,即此理也。内子于八月二十四日又生一女,弄璋④无分,弄瓦⑤空劳,殊令人索然气沮也。哥哥字。

[注释]

　　①貤(yí)封:清代典制,职官以己所应得封诰,呈请改授远祖、伯叔或外祖父母等,谓之貤封。

　　②覃恩:广施恩惠。多指帝王普行封赏或赦免。

　　③万寿:指帝王的寿辰。

　　④弄璋:指生男孩。

　　⑤弄瓦:指生女孩。

范县署中寄舍弟墨

昨接来书，惊悉二侄女出痘殇亡。呜呼痛哉！何我昆季①之都无子女缘也？弟在壮年，虽抱殇女之痛，尚有得子之期，还望免抑悲怀，毋伤厥体。愚兄年届知命②，伯道无儿③，年来精力渐衰，自省难延嗣续；惟冀我弟早征熊梦，以继我后耳。余家财丁之不旺，何若是之甚欤！东门一枝，惟余托庇祖父积德，侥幸成名，足供温饱；其余东门系之苗裔，泰半④衣败絮、啜麦粥，处于颓垣破壁中。曾记堪舆家耿仲南为余家相宅，谓门向偏东，挹挥山光，近临水秀，不出显宦，必出名士；惟宅后交叉两路，旺气为行人踏破，丁口难期旺盛耳。其时余仅一酸秀才，未及十年，果成进士。耿氏之言，洵⑤有征也。我昆季至今仅各有一女，欲补添丁之兆，当徇耿氏之言，将宅后墙垣收进一丈，让出之地，多栽竹树，东接横塘岸，西接上浜河，在浜北架造木桥一座，建筑费由余独任。招匠估价若干，来函告我，当即照寄。既建此桥，行人都贪便利，由桥而往杏花楼，不必经过余家宅后，旺气庶不被人踏破，我昆季或有添丁之兆欤？质之我弟，如以为可，即于今冬大寒，拆墙改筑，来春于墙外种竹编篱。浜北木桥，宜先建造，以便行人。则将来种竹当路，阻碍行人，不至授人口实。如以为不可，亦须写信答覆。余当请堪舆家，命苍头引导来家相宅也。哥哥字。

[注释]

①昆季：兄弟。

②知命：五十岁。《论语·为政》："五十而知天命。"后世遂以"知天命"为五十岁的代称。

③伯道无儿：晋代邓攸，字伯道，领儿子与侄儿避石勒兵乱，路上丢掉儿子，保全侄儿，此生再无儿子。事见《晋书·邓攸传》。

④泰半：大半。

⑤洵：诚然，的确。

潍县署中寄舍弟墨

家屋改建，既买宅旁余地，终必举行，而余之主张缓图者，因仕途中人蓄姬妾、置田产，更进而大兴土木，建筑高堂华厦，行道者见之，必窃窃私语曰：郑某一介寒士，侥幸成名，得为百里侯①，谁谓狂士作官要名不要钱；苟不搜割地皮，艳妾华厦，何自而来？殊不知我每年笔润②，就最近十年平均计算，最少年有三千金，则总数已有三万。我家仅有典产田三百亩，每亩典价二十千，约值钱六千千；合之绝产田③八十亩，不过万金耳。故尚余润资二万金，整备改建家园，以为归田娱乐之地。犹恐招摇耳目，惹启悠悠众口，以贪名污我。我纵不能只饮民间一杯水，不取民间一文钱，以清廉自矢④，然贪赃枉法，则我岂敢！

我弟所绘之建筑草图，与我意见稍有不同，余意门向不宜更动。在我弟以为宅相不旺丁⑤，特请堪舆家谈少岚相宅，主张更正门向。而余则根据耿堪舆之言，门向堂基，均仍旧贯。宅后走路，现已无存，亦不必再事更张，只须将新购地筑墙牵连，辟作园林，亭台楼阁，位置得宜，并须凿地为池，堆石作山，栽花种竹。如是布置，正屋不改作，需费较省。愚兄不主张改动正屋者，保存风水也。余生于斯宅，长于斯宅，得为百里侯，则宅相决无坏处。至于不旺丁口，自宅后种竹，余已得一子，无复他求。且焉单建园林，少授人口实，余决意如此。特将园林草图寄归，劳吾弟雇匠照图施工，一切费用，在田租项下支付可也。哥哥字。

[注释]

①百里侯：此泛指达官贵人。侯，古代五等爵位中的第二等。

②笔润：指润笔费。

③绝产田：此指产量高的田地。绝，极、最。

④自矢：自誓，发誓。

⑤丁：此泛指子孙后人。

潍县署中寄四弟墨

老弟只知我好骂人,不知我崇拜人。更不知我只骂一班推廓不开之秀才,而崇拜之人则不胜屈指也。例如画家文湖州①,诗家杜少陵,文学家方百川②、侯朝宗③,现任东抚④,均系我崇拜之人。此次余被御史揭参,有旨命东抚查覆,幸得秉公覆奏,称余为不可多得之强项⑤令,虽易得罪人,还当曲予矜全⑥云云。一场大参案,从此风流云散。此种覆奏语,圆通已极,寥寥十九字,能挽回天意,庇护属员,而又能不得罪御史,其才力有如此,能不令人折服乎!哥哥字。

[注释]

①文湖州:文同,字与可,宋代画家。元丰间出守湖州,故称文湖州。

②方百川:即方舟,字百川,方苞之兄,以时文名天下。卒前悉焚所论著。

③侯朝宗:侯方域,字朝宗,明末清初文学家。

④现任东抚:此指山东巡抚德保。

⑤强项:不肯低头,形容刚正不阿。

⑥矜全:爱惜而保全之。

潍县署中覆四弟墨

前月来书，询问文字之虚实，稽延①数十日，未及详告，我弟竟谓余秘惜学问，不肯轻以示人。误会，误会。弟兄乃痛痒相关、休戚与共之同胞手足，纵鄙吝之徒，未有不甘以学问授子弟者。况余年过知命，膝下仅有一子，乳臭未干，此日难期造就，而余年已迈，只恐莫睹其成年，将来教育之任，责在我弟。则弟来问字，愚兄安有不掬心以相告者！稽迟答覆，别有原因也。缘接展来书时，适值省委莅县勘灾，余忽遽出迎，未遑收拾，次晨即偕省委赴各地查勘灾情，旋又分段散发急赈，历碌十余日。返署后前函未曾阅目，以致忘怀裁答，直至日昨来函催促，始恍然悟，寻取前函，遍搜不得。盖余向例签押房只阅公牍，家书例由上房收发，是亦"公事毕然后敢治私事"之微意也。不料此函当时为小儿取去，当作临书法帖，今晨始得捡出。

所询文字虚实，其义至广。凡古今文字，字字有虚实两用，且有虚实叠用，例如"履舄交错"之舄②，即为实用③，"松桷有舄"之舄，则虚用矣。推之宫室门户，皆确切之实字，而《尔雅》之"大山宫小山"，《左传》之"复室其子"，则皆虚用矣。又如从作顺字解，虚字也，而《左传》"荀伯不复从""竖牛乱大从"，则作位次解，而实用矣。又如溢，作满字解，虚字也，而《仪礼·丧服》"朝一溢米"，则作升斗解，而实用矣。又如覆，作败与重字解，虚字也，而《左传》"郑突为三覆以待之"，则作伏兵解，而实用矣。更有一字而虚实叠用者，如"解衣衣我""推食食我"，上衣食实用，作衣服食物解，下衣食虚用，作穿着吃喝解。又如"春风风人""夏雨雨人"，上风雨实字实用，下风雨作养字解，虚用。更有一字而分虚实于上下句者，如"入其门无人门焉者，入其闺无人闺焉者"，上门闺实字实用，下门闺作守字解，虚用矣。

后人有援本训转注④之义，以实用者作本音读，虚用者作他音读。或以本训作本音读，转注作转音读。如风风读封捧，雨雨读羽吁，而加以圈声⑤。古人无是法⑥也。总之，读音随各地土音而互异，最难统一正确，只求字义明晰，即可引用；苟读音正确而不通字义，无裨实用也。我弟现读《通鉴》，司马公本属小学界之泰斗。即就《通鉴》虚实之字细加研究，或他人视为实字，而心有所疑，则抄录之；或前日视为虚字，而今有疑问，亦姑录之。久之，多识雅训，自能触类贯通也。哥哥寄。

[注释]

①稽延：迟延，耽误。

②舄（xì）：鞋。

③实用：指名词用如本义。凡活用作动词者，则称"虚用"。如下文之"大山宫小山"之"宫"，"复室其子"之"室"，"解衣衣人"之第二个"衣"字，"春风风人"之第二个"风"字，皆是。

④转注：六书之一。许慎《说文解字·叙》："转注者，建类一首，同意相受，考、老是也。"意即意义相同或相近的文字应属于"一首"之下，可以彼此互相解释。

⑤圈声：区别读音。

⑥法：标准。

潍县署中寄四弟墨

　　用人之难,家与国二而一者也。朝廷设官,冀①得廉吏以佐治;家庭用人,冀得义仆以卫身。无如受雇于人者,都属乡愚无知,语以忠义,不知为何物。夫士大夫知书明道,而清正廉明者尚不多见,何怪臧获②之鼠窃狗偷,不识廉耻也。

　　来函历述郑迁之过失,此次畏罪潜逃,固早在余意中。余本素不直蓄养家奴使女,前为秀才时,即将郑迁之卖身契焚毁。所以不返给郑迁者,早识此人生性刁诈,明与之更长其为恶之念。彼七龄丧父母,由其母舅卖入余家,先母为之取名郑陞,嗣后余为之改换郑迁,因见其作事躲懒,促其改过迁善也。前年我弟屡为之说项,使其来署执役,余恐其招摇,力主不可,彼因是而生怨。我弟殊少知人之明,不当再令其管理仓廒③,以授其偷盗米麦之隙。兹据司帐检查,损失不满二十千,只恐不仅此数耶,司帐顾虑和盘托出,彼有负责之义,难辞咎戾④,故尔匿多报少。否则郑迁系无家无室之仆役,何来远遁⑤川资?余所以自幼决其为恶者,盖相其目光斜视,非善类也。现既逃避,不必追究。以后雇佣,自宜慎择,则亡羊补牢,未为晚也。哥哥字。

[注释]

　　①冀:期望。

　　②臧获:奴仆。

③仓廒（áo）：也作"仓敖"，粮库。

④咎戾：罪责。

⑤远遁：远逃。

潍县署中寄墨弟

　　昨接七月十一日所发家书，并弟岳吉丈之诗集，披诵至再，觉其天机横溢，妙绪环生，尽收唐宋诸大家之精华，而又能不落窠臼，竟不能举一家以相拟。博综众流以况之：其富丽似王摩诘①，隽逸似杜牧之②，宜乎士林推重，目为当代诗人。惟酬答③之间，不择胜流，间有俗题。然此病古人中如杜牧之、李商隐辈，尚且难免，不足损其佳著也。余近来精神渐衰，握管作文，畏之如虎，但吉丈既委余作序，势难退却，容当拨冗为佛头着粪④也。哥哥字。

[注释]

①王摩诘：王维，字摩诘，唐代诗人。

②杜牧之：杜牧，字牧之，唐代诗人。

③酬答：指用诗文应对。

④佛头着粪：比喻亵渎、玷污好的东西。

潍县署中寄墨弟

　　陆蓉镜司马是余之乡榜同年，皆出宋师房下，而中式①名次又巧属相连。宋师每谓余两人文艺同出一派，宜结苔岑②，由是订交，深相契合。旋又先后成进士，余先一科指分东省，彼后一科分发浙江。旋因浙藩升署东藩，奏调来鲁，与余时相过从③。彼谓我二人之际遇，殊非偶然，宜联姻娅④，则亲戚之谊可以世代相传，绵延不绝也。彼有男子一，与余家淑儿年相若，订结丝萝⑤，由朱子青太史与赵小汀司马为媒，于本月二十四日行文定礼。我弟居家多暇，有兴来署否？衙中房屋宽敞，尽可挈⑥全眷以俱来。临颖不胜盼望之至。哥哥寄。

[注释]

①中式：科考合格。

②苔岑：指意气相投的挚友。郭璞《赠温峤》："人亦有言，松竹有林。及尔臭味，异苔同岑。"

③过从：往来。

④姻娅：姻亲。

⑤丝萝：即菟丝与松萝。蔓生，缠绕于草木，不易分开，故用以比喻男女结成婚姻。

⑥挈：带领。

潍县署中寄四弟

八九两月，所发三信，俱已收到。我弟在家处置一切，甚有道理，其办小叔祖丧事，亦为谋甚善，虽未能从丰殓葬，而为之择贤立嗣，对于死者可以无憾，族人亦必无烦言。孔子云："行笃敬，虽蛮貊①之邦行矣。"余性狂好骂，不免有得罪人处，我弟能为阿兄补过，余无忧矣。

我邑新任李令，既拟革除漕②弊，增加赋税，我家不必过问，任他加多加少，奉行完纳可耳。区区田亩，所增不过斗筲③之数，不足算也。而一般守财虏④，坐拥数千百亩膏腴良田，加税较巨，必不甘服，势必结党抵抗，赴省控告。倘有登门请我弟列名者，幸勿受其愚而加入；却不宜饷以闭门羹，恐触犯众怒，不理于梓乡人士。两全之道，宜以缓言却⑤之，谓须得愚兄同意，未敢擅专，惟往返函询，需日过迟，只恐有误君等大事。兼之余家田数寥寥，列名与否，无关重要也。如是却之，决不至引起仇视。我弟办事素来谨慎，自能对付裕如，总之，仕宦家无半字涉公庭，便是好处。

来函云陆绅等邀集合邑绅士，会议驱逐李令，为民除害，殊属费解。夫为民除害，乃有司为崔苻⑥不靖⑦，举办清乡、搜捕盗匪，谓之为民除害。李令加赋，为国课增多收入，国家养兵以卫民，人民纳税以养兵，乃属应尽之义务，又非硬捐勒索，何害之有？谅必我弟根据陆绅之言，秉笔直书，未加思索故耳。今嘱我弟置身事外，看彼等闯出什么祸来，自与旁观不涉。既不能阻之不行，只可袖手旁观，非余之居心不仁也。质之老弟，以为何如？哥哥字。

[**注释**]

①蛮貊（mò）：泛指古代少数民族。

②漕：漕运，旧时专指政府从水道运输所征粮食至京师或其他指定地点。

③斗筲：二者均指较小的容器。

④守财房：守财奴。

⑤却：推托。

⑥萑苻（huán fú）：芦苇类水草。因生长于水泽，易于藏人，故旧时多为盗贼出没之地。

⑦靖：安定。

潍县署中寄四弟墨

陆绅等告官之议,因我弟不列名而作罢。李令得悉我弟在暗地维持其地位,加赋之举遂作缓图。此乃我弟忠信素孚①于众望,故能令官绅两造②概行折服,诚属难能而可贵。忻③喜之至!不过此后我弟名望日隆,李令遇有为难,势必登门就商,而当地绅士亦必以得交我弟为荣。从此我弟人事愈繁,与人酬酢,须抱定不失信,不自是,不贪利,守此三章约法,自然到处人人敬仰,能令鬼服神钦。若三者苟有一失,即难使人折服。愚兄素不愿我弟与闻④闲事,然能为地方谋公益,造福乡里,亦属大丈夫分所当为之事,既不害名,又可积德,何乐而不为。惟斯时初出茅庐,务宜时时加以自省为幸。盖我弟年届不惑⑤,犹抱伯道⑥之忧,余年至五十有二始得一子,切望我弟多行善事,彼苍虽属莽莽,惟积德之报,屡试不爽⑦,征诸《春秋》,记载亦夥⑧矣。愿我弟勉力行之。哥哥寄。

[注释]

①孚:为人所信服。

②两造:诉讼双方。

③忻:同"欣"。

④与闻:参与。

⑤年届不惑:指人到四十岁能明辨是非而不受迷惑。《论语·为政》云:"四十而不惑。"

⑥伯道：称别人无子。晋朝邓攸，字伯道。因避石勒兵乱，他带了自己的儿子和侄子逃难，路上屡次遇险，不能两全，只好丢掉了自己的儿子，保全了侄儿。以后，他再也没有儿子。后世遂以"伯道无儿"称别人无子。

⑦爽：不合。

⑧夥（huǒ）：多。

潍县署中寄四弟墨

　　族人贫苦，固然可悯。故余每积省俸钱，寄归散给，聊表我赒恤①贫族之心。若欲一人作宰②，阖族人皆造船买屋，不虞③贫乏，天下宁④有是理乎？竹横港五房族弟，因与周姓争赎田亩，涉讼公庭，理曲不得直，求助我弟，而我弟不为之关说⑤，主持公道，理固宜然。而族弟来信，妄指我弟私得周姓贿赂，袒护外人，不肯为族弟说公道话。并云李邑尊素与我弟深契，只须借重一言，五亩良田即可赎归己有云云。夫田地买卖，全凭契券作证。我弟既唤周姓到家问过，持有活卖文契⑥与找绝文契⑦，代笔虽系两人，而卖主皆为五房族叔，所签"十"字，两纸相同。并且原中犹在，俱言确系找绝田亩，则中证确凿，万无放赎之理。可转告五房族弟，谓余劝其息事宁人，勿再涉讼。既有金钱，尽可另行置产，何必背理取赎已绝之田？即使至余案下控诉，断事只评公理，亦只可断归周氏管业。幸勿庸人自扰，徒耗讼费，后悔将无及也。或以此信给之阅看，更觉直截了当。书不一一，余俟续闻。哥哥寄。

[注释]

①赒（zhōu）恤：周济抚恤。

②宰：古代官名。

③虞：忧虑。

④宁：难道。

⑤关说：从中给人说好话。

⑥活卖文契：写明被押田产可到期赎回的文契。

⑦找绝文契：抵押方到期无力赎回，向对方找绝差价，重立永不赎回的方契。

又寄四弟墨

　　昨接堪舆家汪云荪来函,谓我弟曾与彼道及新得郝庄墓田,地仅半亩,太觉局促。现在南庄有𤱪地①约一亩半,风水颇佳,左右有活水回抱,前面有两土冈,远望之仿佛辕门两首之鼓吹亭,确为不可多得之牛眠佳地云云。夫郝庄墓田,本属佳地,所惜者已有孤坟一角,既不主张掘去,则正穴早被其占有,将来筑坟势必偏于右向,殊欠完美。至于地面窄小,则四围俱属有主田亩,尚可设法购置。惟既为余必争之产,价值必昂。南庄既有𤱪地,望我弟拨冗②偕汪君往观,果如其言,而价值不甚昂贵,得之亦属合算。苟局面不开展,及眼鼻攒集之地,余皆不喜。果系四望开爽,即倩③汪君绘一草图,附函寄我,再商去取可也。哥哥寄。

[**注释**]

　　①𤱪(gǎng)地:盐碱地。𤱪,盐泽。

　　②拨冗:客套话。意为推开繁忙事务而抽出时间。

　　③倩(qìng):请。

潍县署中寄四弟墨

　　父母皆有爱子之心,而余之爱子,更甚于寻常万倍。何则?盖因余晚年得子,不得不郑重视之。而麟儿犹时时患病,谅由先天不足之故。当其母怀孕时,胎气极恶,眠食难安,为预防滑胎①计,请医调治,谓系不服水土。余遂决意遣归饶氏,抵家后果然眠食如常。产后余恐长途跋涉,与母子均有妨碍,未敢遽接来署。直至周岁始来,喂乳时代,儿体甚形肥胖。自四岁断乳,儿体日渐瘦削,疾病常侵,求医服药,胃口愈败,骨瘦如柴。兹据胡医生云:"本元不足之儿童,容易不服水土,欲其发育完全,只有移居产生地,不须服药,身体自能强壮也。"余回忆初生时之事实,胡氏之言,未必无因。由是决计使内子挈麟儿南归,留饶氏在署照料。返里后教育之责,全赖我弟,内子仅司寒暖饥饱,尚恐不周,遑论②教育。现拟三月初四日登程,约初十前后抵家。先此函达,余待续闻。哥哥寄。

[注释]

　　①滑胎:流产。

　　②遑论:谈不上。

潍县署中寄墨弟

历年有菲仪①散赠族戚，今亦略为点缀，派李三送回银三百两，乞弟照旧派数目分致，苟有作古②者即给其子孙，无后者改作修盖坟墓之资。虽知毫末之情，无补穷乏族戚之万一，而犹岁以为例者，聊以见我不忘亲谊之心耳。

余足部湿气日益增剧，肿而且硬，常穿之鞋袜，已不能纳，最难堪者，临睡必发奇痒，愈搔愈痒，虽能取快于一时，而指爪含有毒性，蔓延更甚。自金医传我洗足方，每晚必效沧浪③孺子，以热水濯足杀痒，举行半月，稍有微效。惟脑力日渐虚弱，偶然握管作应酬文字，夜来必致通宵失眠。大抵年老之人，心血亏耗，天君不能用矣。纵使勉力握笔，志欲强而心血不能副，每经一度构思，便一夜不能成寐，颓唐之象，日见日衰。作宰十年，无功于国，无德于民，屡思乞休，遄④返故里，与我弟畅叙手足之情，而犹不见谅⑤于当道⑥，殊令人欲哭不得、欲笑不能。

陆亲家因商民抗捐，激成民变，拆毁县署大堂，上峰竟赫然震怒。谓其办事浮躁，无治吏才，业已撤任。实则咎在商民，抗不遵命，聚众数百，各执炽香，蜂涌入署，要挟省委⑦取消加捐之议，不得要领，遂起暴动，欲以炽香烫死省委，则地方官自不得不出全力以保全省委，放其从偏门逃避；一面传集通班民壮，驱逐暴徒。商民因是迁怒，立将大堂拆毁。分明为救人而累及自身。凭公而论，当时若袖手旁观，危及省委性命，此日撤任，则罪当其罪。而今省委安然脱险，地方官之责任尽矣。至于拆毁公堂，非官长之本心，乃商民之野蛮，奚能归咎于官长？而藩宪⑧误听商董一面之词，铸此大错。在陆亲翁还思禀请省令，严办肇事商民，以端风化。孰知是非颠倒，抑⑨至于此！殆⑩官运之否塞⑪有以致之乎？官途得失，本属无常，而如此不分皂白，不辨功罪，滥施赏罚，能不令人气沮乎？

[注释]

①菲仪：微薄的礼物。多用作谦辞。

②作古：去世。

③沧浪：汉水。《楚辞·渔父》："沧浪之水清兮，可以濯吾缨；沧浪之水浊兮，可以濯吾足。"此处化用沧浪濯足的典故。

④遄（chuán）：疾速。

⑤谅：谅解，理解。

⑥当道：当权者。

⑦省委：省里的派员。

⑧藩宪："藩台"的尊称。"藩台"即明清布政使的别称，为各省民政兼财政长官。

⑨抑：通"一"，竟，乃。《战国策·齐策》："靖郭君之于寡人，一至此乎！"

⑩殆：大概，恐怕。

⑪否（pǐ）塞：闭塞。

潍县署中寄四弟墨

　　今春二竖①常临，先祟饶嫂，于元宵后一日得病，初似伤寒，日夜热势不退，谵语②频作。迭请金医诊治，至二十五日寒热始退，惟右半身肿痛不能转侧，针药并施，迄无效验，至今犹未起床。而余足疾未瘳③，近又新增疝气④，睾丸肿胀如鸡卵，困苦难堪，旋经刑席⑤姜希尚见示秘方，治之果获奇效，一剂而肿退，再剂而回复健康，坐立均不碍事矣。余喜极欲狂，立绘小立轴一幅以报之。

　　吾弟移居新屋，虽与老宅仅隔数十步，但吾麟儿年幼，当此读书时代，愚兄既远离乡井，内子又属女流，犹子⑥教育之责，惟我弟是赖。分居两宅，犹恐耳目难周；搬回势有所不能，只望我弟日居老宅，夜归新居，则双方兼顾，庶无偏废矣。余自问服官⑦十余年，无一毫惠及子民，且口过丛积，恐罚及我后辈，思盖前愆⑧，痛自责改。望我弟时寄箴言，规吾之过；并望以勤俭忠恕⑨教导犹子，令我后辈洗净骄惰习气，将来既不能读书成名，亦不失为勤俭农民也，幸甚，幸甚！哥哥字。

[注释]

①二竖：疾病，病魔。

②谵语：病中说胡话。

③瘳（chōu）：病愈。

④疝（shàn）气：病名，指阴囊胀大的病。

⑤刑席：刑官。

⑥犹子：兄弟之子。《礼记·檀弓上》："丧服，兄弟之子，犹子也。"

⑦服官：做官。《礼记·内则》："五十命为大夫，服官政。"后因称做官为服官。

⑧愆（qiān）：过错。

⑨忠恕：儒家伦理思想。朱熹注《论语·里仁》："尽己之谓忠，推己之谓恕。"

潍县署中寄墨弟

　　同学陆白义，与我不通音问者久矣。日前忽来一信，要我为家乡节孝祠题额，自当写就寄去。惟近来腕力益弱，大字比往年更劣，只恐惹人讪笑。兼之目光昏蒙愈甚，谅由春日肝旺，并多食狗肉与高粱，火气大重，目光容易模糊。现已戒除火酒，专饮黄酒，若并此黄酒而不饮，则势有所不能。虽明知起疾目疾都足于酒①，心欲戒而力不从；盖每至黄昏无酒入喉，必起咳呛呕吐，粒米难以下咽。欲图目前适意，惟有饮鸩止渴②耳。我弟屡次来函规劝戒酒，非不知忠告有益于我身，无如③固癖已深，视酒若命，故爰④特新镌一石章曰"酒痴"，刊于函尾，以博我弟一笑。哥哥寄。

[**注释**]

①起疾目疾都足于酒：当为"足疾目疾都起于酒"之误。

②饮鸩止渴：用毒酒解渴。比喻只求解决眼前困难而不计后果。

③无如：无奈。

④爰：乃，就。

潍县署中寄墨弟

　　昨接我弟四月十二日生子喜报，欣慰之至。兄之望弟得子，犹如农夫之望岁。今托祖宗之福，如愿以偿，乌得不令我手之舞之、足之蹈之耶？缘我麟儿体弱多病，殊为可虑。余年将届六十，断无添丁之兆，惟愿吾弟早征熊梦①，稍宽余怀。而结褵②十二载，直至今日始获弄璋之喜，殊令人望眼欲穿也。弟妇产后，身体康健否？新生侄儿必然活泼肥胖，恨不得插翅飞归，一聆英物啼声。

　　陆白义乞书之节孝坊匾额，附函寄归，烦我弟遣人送往陆宅。

　　饶嫂卧病已一月有半，初仅半身不遂，又增加右脚肿痛，恒③自伏枕啜泣，忧能伤人，病势转剧。余度其症象，难已挽回，而金医士谓脉无败象，决无性命之忧。服药后肿势稍减，能占勿药④与否，视其寿限之修短⑤而定，余爱莫能助，听诸天命耳。哥哥寄。

[注释]

　　①熊梦：梦中见熊，为得子之兆。

　　②结褵（lí）：同"结缡"。古代嫁女的一种仪式，也指结婚。

　　③恒：常常。

　　④勿药：不用服药而病自愈。《易经·无妄》："无妄之疾，勿药有喜。"后称病愈为勿药。

　　⑤修短：长短。

潍县署中寄四弟墨

饶氏病已近八十天,现肿痛已止,每日可进稀粥少许。惟肢体痿痹,寸步不能移动,此系久卧床席,四肢缺少运动所致。死期虽远,复原无期。而淑儿嫁期将届,目前侍奉汤药尚虞不遑①,安有余暇置备嫁衣。余拟商诸乾宅②,展期③至下半年举行。但为母病而愆④儿女嫁期,殊非正理,不延期势必草率从事,犹觉体面攸关,因此进退两难,望我弟一言以决之。

此间三月初三日土匪滋事,围攻潍城,幸赖巡丁民团协力保守,生擒土匪头目朱老哥子及其党羽六人,余匪始鼠窜。是役全赖郑勇魁与范金镖奋不顾身,率领团丁出城杀贼,方得擒获匪首。余感二人忠勇,以三百金分酬其功,并为之禀呈上峰请奖。升平时代,土匪竟敢如此猖獗,可见山东民俗之强悍矣。哥哥字。

[**注释**]

①不遑:不暇,没有功夫。

②乾宅:旧时婚礼,男家称乾宅,女家称坤宅。

③展期:延期。

④愆(qiān):错过,耽误。

潍县署中寄四弟墨

　　来书言吾儿体质虚弱，读书不耐劳苦。功课稍严则饮食减少，过宽，犹恐荒废学业。则补救之法，惟有养生与力学并行，庶几身躯可保强健，学问可期长进也。养生之道有五：一、黎明即起，吃白粥一碗，不用粥菜；二、饭后散步，以千步为率；三、默坐有定时，每日于散学后静坐片刻；四、遇事勿恼怒；五、睡后勿思想。力学之道亦有五：一、每日读书十页，宜熟读背诵；二、每日宜读生书五页，质①钝者减半；三、每晨习大字一百，午后习小楷二百；四、每日记日记一页，宜有恒心；五、刚日②讲经，柔日讲史，须随时摘录心得。以上养生五事，终身行之，力学五事，乃本年之功课。我弟前函云"犹子③悟性已开，来春可以握管作文"，则来年课程，似须更改。余少年时代，不知养生，而今悔之已晚，渴望后辈力行之，则学优而身强，便是振兴之象。望我弟以此教诲子侄，持之有恒，获益良多也。哥哥寄。

[**注释**]

　　①质：资质。

　　②刚日：古代迷信附会阴阳相生相克的说法，择日行事，谓十日为五刚五柔。以甲、丙、戊、庚、壬五日为刚（阳）日，以乙、丁、己、辛、癸五日为柔（阴）日。刚日又叫奇日。

　　③犹子：称兄弟之子。

潍县署中寄墨弟

教读范芝翁既另有高就，自难设法挽回。但儿童正值求学紧要时代，断不可以一日无师，任其旷课。我弟亦早计及之，故自任其劳，已于元宵后一日开学。但愚兄在外，家中一切琐事尽由我弟执管，再欲劳心兼任教读，于家务固有顾此失彼之处，于精神亦太不经济矣。另聘良师，岂容少①缓。惟据余所知，我乡列胶庠②拥皋比③之士，尽属下驷④材，纵不能一语抹煞。秀才中亦有博文约礼、循循善诱之良教师，无如⑤稍有才便慕虚荣，以为学优则仕，取功名易如反手，不愿再为人师，范师即其例也。至于聘师，本极容易，而欲择宽严适中，讲解无倦，学问渊博之良师，则难矣。我弟久处家乡，耳目切近，一时尚觅不到名师，余离别梓乡二十余年，与学界隔膜已久，更不知谁优谁劣。昨与署中幕友谈及此事，适有同乡李芳圃之世兄，为习刑幕，随其师杜伯门在署襄办公事。芳圃为我乡名师，及门弟子登乡榜、步玉堂者，不胜以偻指⑥计，谅我弟亦深悉者也，惟春秋⑦已高，久不设帐授徒。今已托其世兄写信，转达洁诚延聘之意，若能得其俯允，惠然肯来⑧，则为我后辈之幸事。俟得复音，再行函告。哥哥寄。

[注释]

①少：稍。

②胶庠：周代学校名。

③皋比：虎皮座席。古人坐虎皮讲学，后因以指讲席。

④下驷：本指劣等马。此处比喻下等的物品，或才能低下的人。

⑤无如：无奈。

⑥偻（lǚ）指：屈指可数。

⑦春秋：指年龄。

⑧惠然肯来：《诗经·邶风·终风》："终风且霾，惠然肯来。"后用作欢迎他人来临之语。

潍县署中寄四弟

　　元宵后一日寄递一函,谅已收到,至今未接复书,殊深系念。谅由春寒料峭,地冻未解,因而邮使稽迟①,未可知也。前函所云拟聘李芳圃先生教读,今在其世兄处得见复函,云"年已老迈,两目昏蒙,不能辨细字,久不作教读生涯。倘居停一时觅不到教师,则舍侄荷生,前岁食饩②,虽在壮年,而好静不好动,颇有坐性,现在设帐于家,如能容其带一二附徒,束脩③不计较也"云云。余与荷生素昧生平,究竟学问如何,讲解明白与否,均无从悬揣。望我弟速回士林中一询荷生授徒成绩,当即复函告我,因李世兄亟待回复乃父故也。书不尽言,余待续告。哥哥寄。

[注释]

　　①稽迟:延迟,延误。

　　②食饩(xì):明清两朝,生员试优等者,官给膳食补贴,叫食饩。亦即成为廪生。

　　③束脩:旧时私塾学师的报酬。

潍县署中寄内子

　　淑儿嫁期本定去年四月初二日，旋因其生母疾病缠绵，未遑①料理妆奁，不得已商之乾宅，拟改缓至九十月间举行，幸得陆亲家②同意，遣媒答复，谓"既系女亲家染疾，吉人天相，自可喜占勿药③，惟告痊之迟速，外人自难悬测，以后婚期，请坤宅④择定，较为便利"。体谅人情，可谓至矣。孰知好事多磨，比及饶氏病痊，正拟选择吉期，而陆亲家猝遇意外风波，丢官撤任。盖为商民聚众抗捐，拆毁署堂一案，遭冤去职，莫怪其意兴索然，不乐为后辈行婚礼。来函定期至今春二月十九日举行。现在吉期将届，已经两次阻缓，此番谅无障碍。本拟接尔来署，襄办嫁礼，一则因路途遥远，我弟既有家务，不克⑤分身偕来，仅恃仆役护送，殊不放心；二则挈麟儿同来，只恐水土不服，寄托麟儿于弟妇，犹恐稚子不惯。并且来往跋涉，旷废学业，所以主张不接尔来署。兼之届期家乡族戚，必有送礼者，却之不恭，受之必报以酒食。尔可相邀叔姊，于后三朝⑥置备盛筵，宴请诸族戚及四邻。凡贫族及邻佑之贺份，不论多寡，一概璧还。向来我家送过礼份者，则礼尚往来，自当收受，命司帐汇登喜簿。请帖、谢帖，宜预先置备。此系外事，恐非尔女流所能胜任，余当另函知照我弟也。春风多厉，母子寒暖，均宜慎之。近日余因公私栗六⑦，分外疲乏，疝气又大发，幸有旧方，煎服两剂，始得步履如常。知关系念，特此附闻。

[**注释**]

①未遑：不暇，没有功夫。

②亲家：通婚双方父母的互称。此指女婿的父母。

③勿药：指疾病痊愈。

④坤宅：旧时婚礼，称女家为坤宅。

⑤不克：不能。

⑥三朝：旧俗，婚后第三日称三朝。

⑦栗六：忙碌。

潍县署中寄四弟

　　李荷生先生既属诗赋专家，又能视学生如同胞手足，诚为不可多得之良教师。余已托李世兄函聘。所为难者，李师受业弟子共有八人，挈之偕来，太觉嘈杂，商以二人为限，谅可同意。据李世兄云，其受业弟子泰半①已成年而全篇②者，只须出题改作，无须日日听讲。只有李世兄之令弟与表弟尚未全篇，必须附塾听讲。望我弟代缮聘书，脩金每年八十千，就近往访李师，与之当面商妥，即可择日开学，免得与我信札往返，耗费光阴也。苟附徒只有二人，固佳；若不得已再多一二人，亦只能允诺，徐待年底再与之磋商减少。

　　淑儿嫁期，已定二月十九日。我弟如能挈眷偕来，门户可托内子照顾，使多年暌隔之昆季③，得能叙首一堂，其乐靡④涯。惟两宅巨细事，皆赖我弟仔肩⑤独任，只恐无暇来署，则相烦我弟置备请帖，散发家乡各族戚，务须面面俱到，勿有遗漏，免贻人说余家势利，不认穷亲戚。届后三朝，并烦商同内子，置备盛筵享客，酒菜务须丰盛。余昔年成姻与开贺⑥，皆用聚宝园之菜，尚觉不恶，未识至今犹在营业否？余久未还乡，不知现状，一切均托我弟主持，费用可向内子支取。凡办喜事，不宜惜小费，惹人讪笑。盖此等事，一生能得几回，稍事铺张，亦属有限，非比居家用度，一年三百六十日，无日或缺，不得不尚节省。我弟阅历已深，定能措置适当，不使余稍受委曲也。哥哥寄。

[**注释**]

①泰半：大半。

②全篇：指能写完整的文章。

③昆季：兄弟。

④靡：无。

⑤仔（zī）肩：责任。

⑥开贺：指作者举行庆贺酒宴。

潍县署中寄四弟

我弟今年仅得四十二岁，何以鬓发已墨白成斑？谅由家务猬集①，劳心过度所致。余忝②为兄长，不能分担家事，已觉有亏友于③，而反以犹子教养之责，委之我弟，世间只有板桥忍心出此。我弟不以我为妄，反甘殚精竭力，扶植犹子，余何修而得此爱弟，我弟何不幸而有此阿兄？余叨赖④我弟独担家务，得以少费心思，至今白发尚少，不及十分之三。余年五十有九，理当白发苍苍，而犹得黑多白少者，我弟之惠也。惟齿落较多，精神亦愈觉疲惫，兼之近来办事，诸多不顺。招练土著小队，余本一片婆心⑤。缘辖境内每届冬令，盗窃之案迭出，今冬特编小队，专司巡防缉捕之责，不料外间啧有烦言⑥，或谓遇小儿摸牌，即擅入人家拿赌，讹索金钱；或谓夜遇乡农行路，妄指为窃贼锁拿吊打，讹钱方肯释放；对于分所当为之事，反置若罔闻，甚且包庇私盐小贩，窝藏巨窃赃物，弊端百出，众口一辞。余招练小队，原为地方除害，乃反为地方生害，贻人讥议，能不令人懊恼乎，现已一律解散。虽招募至今，仅阅两月，而派人暗地调查，四乡被害者约有二十余家，殊令我愧对子民也。

人皆以做官为荣，我今反以做官为苦，既不敢贪赃枉法，积造孽钱以害子孙，则每年廉俸所入，甚属寥寥。苟不入仕途，鬻书卖画，收入较多于廉俸数倍。早知今日，悔不当初。现拟告病辞职，得邀允准，如天之福。惟余每因事晋谒中丞⑦，必蒙青眼⑧相加，并见赏我之墨竹，谓为得文湖州真髓。凡遇上辕门，必邀余至内花厅留膳，余受宠若惊，不敢放浪。中丞笑语云："下属无留膳之例，此时吾与尔叙私交，不必目我为上司⑨而兢兢小心也。"既逢此知遇，只恐一时未必许我解组⑩归田。奈何！奈何！哥哥寄。

[注释]

①猬集：像刺猬毛一样众集，比喻事情很多。

②忝（tiǎn）：辱，有愧于。常用作谦辞，表示辱没他人，自己有愧。

③友于：指兄弟间的友爱。《尚书·君陈》："惟孝友于兄弟。"

④叨赖：叨光依赖。

⑤婆心：比喻慈爱之心。

⑥啧有烦言：很多人说不满意的话。啧，争辩。

⑦中丞：指巡抚。

⑧青眼：正视，重视。晋阮籍不拘礼教，见志向相投者，以青眼对之；见凡俗之士，则以白眼对之。

⑨目我为上司：把我当作上司。目，用作动词。

⑩解组：辞官。

潍县署中寄内子

　　淑儿已出阁，陆婿温文尔雅，貌颇美秀，肥瘦与淑儿相称，恰是一对嘉耦。三朝①回门，曾向我问及尔之起居，谅由淑儿转告之。三朝夫妇，即已细话家常，其亲昵可不言而喻矣。惟余因嫁期前后，过事②栗六③，公署中不能举行婚礼，另租署前黄绅之住宅，室中布置，既费心思，招待贺客更形劳碌，回门之夕，余竟猝发眩晕，幸钱谷席秋舫深明医道，服药二剂，眩晕顿止。惟饭量大减，现依席师之言，间食薄饼面条，以资换味而利脾。盖此间地土宜食麦，民间无分贫富，每食非面不饱。按，面食较易消化，并能长力，与老年人最为合宜。惟家乡市售之面，碱水过重，食之有损无益，只可购面粉自行制食。知尔素性嗜面，不惮琐屑以告。

　　麟儿勤读否？尔宜时加查察。儿辈读书督促之责，教师负十分之六，父母负十分之四，散学后教管之责，全在尔身，勿使其与邻儿作无益之游戏。惟儿童心理，都喜劳动，禁其嬉戏，有妨发育之天机，可于课余之暇，命农工导之学稼学圃。我不愿子孙将来能取势位富厚，盖宦途有夷有险，运来则加官晋爵，运去则身败名裂。愿子孙为农家子，安分守己，优游④岁月，终身无意外风波遭遇也。犹记我初任范县时，尔曾与我云：一代作官七代贫，幸勿枉法杀人，公门里面好修行，庶积德以禳⑤天心，得获添丁之兆。今已得子，扪心尚堪自慰。惟久羁政海，精力日衰，不仕又无善退之法，自寻烦恼，未知何日始克遂我初服⑥也。

[注释]

①三朝：出嫁后的第三天。

②过事：过分地做某种活动。

③栗六：忙碌。

④优游：生活悠闲。

⑤禳（ráng）：祭祷鬼神，去邪消灾。

⑥初服：指未做官时的服装，与"朝服"相对。此处引申为初衷。

潍县署中谕麟儿

字谕麟儿：寄来起讲①四篇，惟《有朋自远方来》题，尚属无疵，其余三题，语句太嫌稚气，虚字间有不洽处，此系欠缺功夫所致，嗣后宜奋勉用功。然初学有此成绩，资质尚属不钝，苟堪励志勤读，自能循序渐进。惟单读时文，无裨实益，宜加以看书功夫，凡经史子集，皆宜涉猎，但须看全一种，再易他种，切不可东抓西拉，任意翻阅，徒耗光阴，毫无一得。阅书时见有切于实用之句，宜随手摘录，若能分门别类，积成巨册，作文时可作材料，利益无穷也。

尔禀所称五月廿一晚间失窃，并未入母亲卧室，四叔拟报官追缉云云。报告殊欠明晰，被窃何物，总计损失若干？尔虽不知物价，理当询明尔母，详细告我，如果损失不巨，不必追赃。窃贼固当执之于法，然彼为饥寒所迫，不得已铤而走险，不偷农户而窃宦家，彼亦知农民积蓄无多，宦室储藏丰富，窃之无损毫末，是即盗亦有道之谓欤？与其农家被窃，宁使我家被窃。尔可转禀四叔，不必报官追赃。只须以后门户留心，勿再使穿窬②入室可耳。尝闻古人见梁上有贼，呼之下，询明始末，善言规诫，并赠金令作小本经营者，其度量为何如耶？

[注释]

①起讲：八股文中的第三部分，为议论的开始。

②窬（yú）：门边小洞。

潍县署中寄四弟

　　来书称道李荷生先生教法完善，为我弟平生所罕见：在春秋冬三季，无日不自晨至夜，时时与学生讲解，即六月炎暑，夜读虽辍，而课读时间仍未减短，自黎明上学，直至夕阳西下，无须臾不与学生讲解，甚为难得。余虽远隔千里，未曾目睹儿辈之读书，但已深信李师是良教习，不料其竟能无间寒暑，如是认真，宜乎学生进步，一日千里。未得李师时，麟儿不能握管草家信，而今已能作半篇清顺文章，愚兄只道麟儿聪明，有此得步进步之成绩，孰知都赖李师栽培而成，感甚！感甚！麟儿得此良师，非芳圃先生竭诚推荐之力不至此，君子食德不忘报，彼既有心栽成吾后辈，吾亦当特别优待其世兄，聘其担任本署文牍，所以报芳圃先生荐师之德也。

　　余近日身体尚健，疝气三月未发，惟足疾未瘳。我系江南人，患足疾本属恒有事，但居东①已阅二十余年，衙斋又极高爽，足疾似当告痊，只缘嗜好曲蘗，以致足趾间湿气日益加剧，差幸尚能步履如恒者，殆即居鲁之功耶？哥哥寄。

[注释]

　　①东：东部，此指山东。

潍县署中寄四弟

今岁考绩，蒙中丞恩遇，忝列第一，奖语谓老成持重，才堪大用，保升知府，在任候补。余自问无功于民，滥邀国家重赏，愈足增我忿尤①也。近因山东盗贼横行，白昼抢劫，黑夜杀人。中丞为谋地方治安起见，各县知事，一律加委营务处提调，各募巡勇百名，专司捕盗。语云"前事不忘，后事之师"。昔年余曾招募小队，仅得四十人，酿出拿赌诈钱、窝藏盗贼、包庇私盐，种种弊端，闾阎②被扰，啧有烦言③。现奉令招募巡勇百名，较前次增多倍半，其为害闾阎，将更形扩大，子民殆无噍类④矣。若以直情禀复省宪，而各县皆已入手编练，惟潍县独异，太觉不合时宜。若竟遵令招募，则前车可鉴，覆辙堪虞。并且招募土著与客籍，利弊适均。土著，熟悉地理，通达语言，缉捕较易，而讹索必多。客籍，道路莫辨，言语不通，骚扰自少，而踩缉⑤难周。两害相形取其轻，宁使捕盗不力，不愿使民间受讹索之累，故决意招募直隶⑥人。已命郑勇魁与范金镖赴直招募。回潍时以金镖任教练，彼系保镖出身，充过百长者，资格适合，因系土著，不敢畀以统率之责。拟委勇魁为巡勇长，取其与我同宗，休戚相关，庶不敢以扰民累我。其性情率直而尚义，随我六年，从未犯过，甚属可敬。不过为其一人，累我弟受许多委曲。盖同族中都羡勇魁之归我，皆乞我弟向我先容⑦，俱遭我拒绝，由是怨我弟之推荐不力。殊不知人必有材艺，始可出为世用，勇魁精拳术，力能举百钧⑧，我倚作护卫者也。其余宗族，无一艺之能,署中位置无多,上峰介绍者,尚且无从安插,岂能为私人谋枝栖?嗣后遇有人托我弟谋事者,即以此言告之,不必通函告我也。哥哥寄。

[注释]

①愆尤:罪过。

②闾阎:民间。

③啧有烦言:很多人说不满意的话。

④噍(jiào)类:原指能饮食的动物,特指活着的人。噍,嚼。

⑤跴缉:犹追捕。旧时指追踪盗匪或追查案件。

⑥直隶:旧省名。即今河北省。

⑦先容:事先致意,介绍推荐。

⑧钧:古代重量单位,三十斤为一钧。

潍县署中谕麟儿

字谕麟徵儿：李师赴宁乡试①，放假二十日，尔当照常用功。一切家务，外事自有尔叔管，内事自有尔母管，何必要尔问讯。至于邻里亲戚，无论与我家有隙无隙，是亲是疏，在尔只宜尊之敬之，见面则谨执后辈礼，笑脸向人。岂可因族人背后讥笑我家，邻人曾窃吾家园蔬，遇尔尊称，尔竟置之不理，枉读圣贤书，全不解泛爱众之义。尔在少年时代，已积下许多嫌怨，将来管理家政，必致个个都是仇人，奚②能立身处世？古来贤人君子，无与乡党③宗族不睦者。小怨不忘，睚眦④必报，乃属贱丈夫之所为，尔万不可学此卑鄙行为。兹得尔母来书报告，特此郑重告诫，谨遵勿忘。读书宜勤恳勿懈，看书宜细心有恒，现看《史记》，颇切实用，每日规定看十页，必须自首至尾，逐句看下，有紧要处，摘录读书日记簿；有费解处，另纸摘出，求解于先生。今年若能看完《史记》，明年更换他书。惟无益之小说与弹词，不宜寓目，观之非徒无益，并有害处也。

[注释]

①乡试：明清两代，每三年在省城举行一次的考试，考中者称举人。

②奚：何，怎么。

③乡党：乡邻。

④睚眦（yá zì）：发怒时瞪眼睛。借指极小的仇恨。

再谕麟儿

　　吾壮年好骂人，所骂者都属推廓不开之假斯文，异乎当世恃才傲物者之骂人：动谓人不如我，见乡墨①则骂举人不通；见会墨②则骂进士不通；未入学者见秀才考卷，则骂秀才不通。既然目空一世，自己之为文，必能远胜于人，讵③知实际非特④不能胜人，反不如所骂之秀才、举人、进士远甚。所为不反求诸⑤己，徒⑥见他人之不通，自己傲气既长，不肯用功深造，而眼高手低，握管作文，自嫌弗及不通秀才，免得献丑，索性搁笔不为文，于是潦倒终身，永无寸进。

　　余壮年傲气亦盛，而对于胜我者，却肯低首降服。见佳文爱之不肯释手，虽百读不厌。故能侥幸成名，然亦四下乡场⑦，始得脱颖而出，亦为傲气所阻也，至今思之，犹如芒刺在背。尔资质钝，赖李师辛苦栽培之力，得以冠年⑧入场，初试原为观场计，李师与我，皆不望尔一试成名，不过有此一度经验，下届入场，便老练而不起恐慌。一试不售⑨，奚可即出怨言？只须自知文字不佳，下帷攻苦，既有名师指导，进步较易，苟火到功深，取青紫⑩易如拾芥⑪矣。细思吾言而力行之，予有厚望焉。

[注释]

　　①乡墨：乡试考生的文章。

　　②会墨：会试考生的文章。

③讵（jù）：岂。

④非特：不但。

⑤诸：之于。

⑥徒：只。

⑦乡场：乡试考场。

⑧冠年：弱冠之年。古时男子二十岁举行冠礼，因称二十岁为冠年。

⑨不售：货物卖不出去，引申为考试不中。

⑩青紫：古时达官之服为青为紫，此指高位官职。

⑪拾芥：比喻极其容易。

潍县署中寄四弟墨

余本书生,初志望得一京官,聊为祖父争气,不料得此外任。余本无吏治才,尸位①多年,时虞②陨越③,托赖祖宗庇护,得能勉力支持。而今年事日增,精神亦觉难支,足疾不瘳,疝气时发,并且左耳失聪,目光昏蒙,自知就木④有期,若得息影蓬庐,以资静养,或可苟延残喘。倘恋栈⑤不去,日寻烦恼,直如自速其死也。余已决计告病乞休,若上峰不允,整备⑥一辞不获命,则再辞,再辞不获命,则三辞,务必遂我初服而后已。与我弟聚首之期,当在橙黄桔绿时也。

李小芳欲为麟儿作伐,言其姑丈周菊村广文膝下只有一女,貌颇秀丽,并能吟咏,年长麟儿一岁。余一时莫知可否,周氏女究竟端庄、节俭否?素昧平生,不敢信执柯⑦者一面之辞。至于能诗,余并不重视,语云"女子无才便是德"。娶妻只娶德,择妇为儿辈终身大事,更宜重德不重才。盖有德之女,必励贞操;有才之女,易生厌夫之心,故我不娶才女。望我弟向李师一询,菊村亦系彼之姑丈,其女性情,定然深悉,兼之麟儿乃其爱徒,自无不直言相告也。哥哥寄。

[注释]

①尸位:占着职位而不做事。

②虞:担心。

③陨越：比喻失败、失职。

④就木：入棺，指死亡。

⑤恋栈：比喻贪恋利禄。

⑥整备：准备。

⑦执柯：做媒。

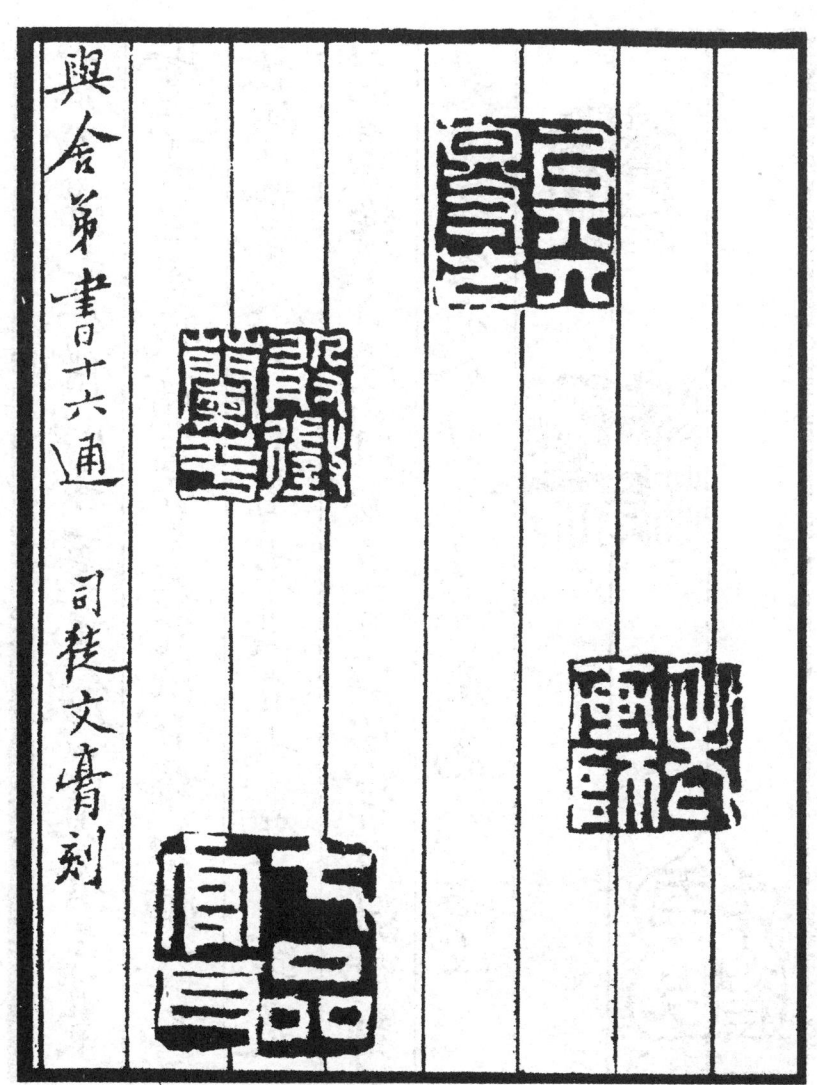

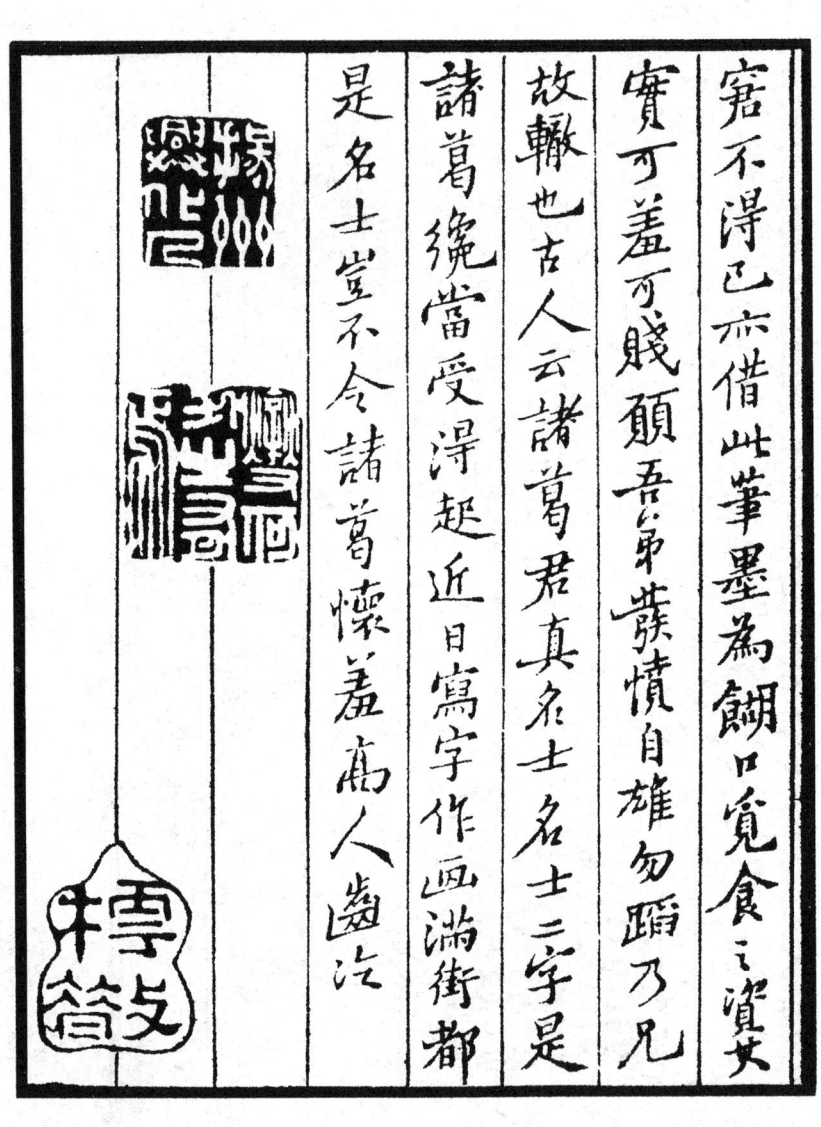

窘不得已亦借此筆墨為餬口覓食之資矣實可羞可賤顧吾輩業慎自雄勿蹈乃兄故轍也古人云諸葛君真名士三字是諸葛縣當受得起近日寫字作畫滿街都是名士豈不令諸葛懷羞為人齒冷

以其餘閒作為枯木竹石不害也若王摩詰趙子昂輩不過唐宋間兩畫師耳試看其平生詩文可曾一句道著民間痛癢設以房杜姚宋在前韓范富歐陽在後兩以二子廁乎其間吾不知其居何等而立何地矣門館才情游客伎倆只合幫襯枝邊亭榭辨古玩鬭茗茶為掃除小吏作頭目而已何足數我何足數我愚兄少而無業長而無成老而窮

小令詞則必以意外言外取勝矣

宵寐匪禎札闥洪庥以此誇人是歐公

正當處然亦有淺易之病逸馬殺犬

于道是歐公簡鍊處然五代史亦有

太簡之病 高密單進士娘曰不是好議亥人 無非求其簡是

寫字作畫是雅事亦是俗事大丈夫不雖立

功天地字養生民而以區區筆墨供人玩好

非俗事而何東坡居士刻之以天地萬物爲心

獻豈一言兩語所能了事豈言外有
言味外取味者所能畫筆而快書乎
吾知其必目瞪心亂顛倒拖沓無所措
其手足也王孟詩原有實而不可磨
滅疑只因務為修潔乃不得李杜沉雄
司空表聖自以為得味外味又下于王孟一
二等至今之小夫不及王孟司空萬萬專
以意外言外自文其陋可笑也若絕句詩

韓文是也間有一二不盡之言言外之意以少、許勝多、許者是他一枝一節好處非六君子本色而世間妮、纖小之夫專以此為能謂文章不可說破不宜道盡遂譽人為剌、不休夫所謂剌、不休者無益之言道三不著兩耳至若敷陳帝王之事業歌詠百姓之勤苦剖晰聖賢之精義描摹英傑之風

迴百折而卒造乎淺近朝宗古文標新
領異指畫目前絕不受古人羈絆飄然
語不道氣不深純讓百川一席憶予幼
時行匣中惟徐天池四聲猿方百川制藝
二種讀之數十年未能得力而不撒手
相與終焉而巳世人讀牡丹亭而不讀四
聲猿何耶
文章以沉著痛快為最左史莊騷杜詩

無論時文古文詩歌詞賦皆謂之文章今人鄙薄時文義欲逝諸筆墨之外何太甚也將毋醜其貌而不鑑其深乎愚謂本朝文章當以方百川制藝為第一俟朝宗古文次之其他歌詩辭賦挝東補西拖張拽李皆捨古人之唾餘不能貫串以無真氣故也百川時文精粹湛深抽心苗蘂與古繪物態狀人情千

人有負于書耳書亦何負于人我昔有人問沈近思侍郎如何是救災的良法沈曰讀書其人以為迂濶其實不迂濶也東投西竄費時失業徒喪其品而卒歸于無濟何如優游書史中不求獲而得力在眉睫間乎信此言則富貴不信則貧賤亦在人今有識與有決并有忍耳

濰縣署中與舍弟第五書

濰縣寄舍弟墨第四書

凡人讀書原拿不定發達然即不發達要不可以不讀書主意便拿定也科名不來學問在我原不是折本的買賣愚兄而今已發達矣人共稱愚兄為善讀書矣究竟自問胸中擔得出幾卷書來不過那移借貸改寬添補便爾釣名欺世

耕當日正午汗滴禾
下土誰知盤中飱粒
粒皆辛苦
昨日入城市歸來淚
滿巾遍身羅綺者不
是養蠶人
九二、八十一窮漢凄
罪畢繞得放脚眠蚊

而年內之禮節尊崇必不可廢

又有五言絕句四首小兒順口好讀令吾兒且讀且唱月下坐門檻上唱與二太、兩母親叔、孀娘聽便好騙果子喫也

二月賣新絲五月糶新穀醫得眼前瘡剜却心頭肉

敬師為要擇師不得不審既擇定矣便當尊之敬之何得復尋其短吾人一涉宦途即不能自課其子弟其所延師不過一方之秀未必海內名流或暗笑其非或明指其誤為師者既不自安而教法不能專心子弟復持藐忽心而不力于學此最是受病處不如就師之所長且訓吾子弟之不逮如必不可從少待來年更請他師

得直呼其名紙筆墨硯吾家所有宜不時散給諸衆同學每見貧家之子寡婦之兒求十數錢買川連紙釘做字簿而十日不得者當察其故而無意中與之至陰雨不能即歸輒留飯薄暮以舊鞋與穿而去彼父母之愛子雖無佳好衣服必製新鞵襪來上學堂一遭泥濘復製為難矣夫擇師如難

丁或百中之一六有發達者其為文章必不
能沉著痛快刻骨鏤心為世所傳誦豈非
富貴足以愚人而貧賤足以立志而濬
慧乎我雖微官吾兒便是富貴子弟其
成其敗吾已置之不論但得附從佳子弟
有成亦吾所大願也至于延師傅待同學
不可不慎吾兒六歲年最小其同學長
者當稱為某先生次亦稱為某兄不

吾見少長些後講與他聽与書半多意互相發明也

濰縣寄舍弟墨第三書

富貴人家延師傅教子弟至勤至切而主學有成者多出于附近貧賤之家而已之子弟不與焉不數年間變富貴為貧賤有寄人門下者有餓莩乞丐者或僅守厥家不失溫飽而目不識

便是一分蓄積天道其信然矣且天亦
有過盡之弊天生聖人亦屢矣未嘗
生孔子也及生孔子天地亦氣為之竭
而力為之衰更不後能生聖人天受
其弊而況人乎昨在范縣与進士鍾玉
孝廉宋絢言之及來濰縣與譚郭
偉勳談論咸鼓舞震動以為得未曾
有并書八字戈弟且藏之匣中待

且遠也羲龍御龍而有中山劉累至漢高而光有天下既二百年矣而又先武中興又二百年矣而又先昭烈蜀以諸葛為之相以開張為之將忠義淵千古道德繼賢聖豈非堯之留餘不盡而後有此歟洩也哉夫舜與堯同心同德同聖而吾為是言者以為作聖且有太盡之累則何事而可盡也留得一分做不到處

又曰舜其大知也夫彰善癉惡者人道也善惡無所不容納者天道也堯乎堯乎此其所以為天也乎厥後舜之子孫賓諸陳無一達人後代有齊國亦無一達人惟田橫之卒五百人從之斯不愧祖宗風烈非天之薄于大舜而不予以後也其道已盡其數已窮更無復盪而弄蘗耳若堯之後重迁

九載績用弗成之鯀而六不害其為光之大渾之乎一天也若舜則不然流共工之大渾之乎一天也若舜則不然流共工放驩兜殺三苗殛鯀罪人斯當矣命伯禹作司空契為司徒稷教稼皋陶掌刑伯益掌火伯夷典禮后夔典樂倕工鳩工以及戎朱虎熊羆之屬無不各得其職用人又得矣為君之道夆豪髮無遺憾故曰君哉舜也

傷禾敗稼而不可救或赤旱數千里蝗螟螣特肆生於草黃而未死而不害其為天之大天既生有騏麟鳳皇靈芝仙草五穀花實矣而蛇虎蜂萬蟲蔆藜稂莠蕭艾之屬即與之俱生而並茂而亦不害其為天之仁堯為天子既已欽明文思光四表而格上下矣而共工驩兜尚列于朝又有

書後又一帋

嘗論堯舜不是一樣堯為最舜次之
人咸驚訝其實有玄理焉孔子曰大
哉堯之為君惟天為大惟堯則之
孔子從未嘗以天許人亦未嘗以天許
人惟稱堯不遺餘力意中日中却是
有一無二之象夫雨暘寒燠時若
者天也亦有時狂風淫雨兼旬累月

為鳥閉鳥家將旦時睡夢初醒尚展
轉衾被聽一片啁啾如雲門咸池之奏
及披衣而起頰面敕口啜茗見其揚
鬐振彩倐徃倐來目不暇給固非一
籠一羽之樂而已大率平生樂處欲
以天地為囿江漢為池各適其天
斯為大快比之盆魚籠鳥其鉅細
仁忍何如也

夫讀書中舉中進士作官此是小事第一
要明理作个好人可將此書讀與郭嫂
饒嫂聽使二婦人知愛子之道在此
不在彼也

書後又一紙

所云不得籠中養鳥而予又未嘗不
愛鳥但養之有道耳欲養鳥莫如
多種樹使遶屋數百株扶疎茂密

乎我我不在家兒子便是你管束要須長其忠厚之情驅其殘忍之性不得以為猶子而姑縱惜也家人兒女總是天地間一般人當一般愛惜不可使吾見凌虐他凡魚殽果餅宜均分散給大家歡嬉跳躍若吾兒坐食好物令家人子遠立而望不得一霑唇齒其父母見而憐之無可如何呼之使去豈非割心剜肉乎

而萬物之性人為貴吾輩竟不能體天之心以為心萬物將何所託命于蛇蚖蜈蚣豺狼虎豹蠱之最毒者也然天既生之我何得而殺之蓋必欲盡殺天地又何必生亦惟驅之使遠避之使不相害而已蜘蛛結網于人何罪或謂其夜間呪月令人牆傾壓倒遂擊殺無遺此等說話出于何經何典而遂以此殘物之命可乎我可

余五十二歲始得一子堂有不愛之理然愛之必以其道雖嬉戲頑耍務令忠厚惻毋為刻急也平生最不喜籠中養鳥我圖娛悅彼在囚牢何情何理而必屈物之性以遂吾性乎至于髮繫蜻蜓線縛螃蟹為小兒頑具不過一時片刻便摺拉而死夫天地生物化育劬勞一蟻一蟲皆本陰陽五行之氣絪緼而出上帝亦心心愛念

百三十篇中吾項羽本紀為最而項羽本紀中又以鉅鹿之戰鴻門之宴垓下之會為最反覆誦觀可欣可泣在此數叚耳若一部史記篇篇都讀字字都記豈非沒分曉的鈍漢更有小說家言各種傳奇惡曲及打油詩詞亦復寓目不忘如破爛廚櫃臭油壞醬悉貯其中其齷齪亦耐不得

濰縣署中與舍弟墨第二書

三絕不知繙閱遍幾千百徧來微言精義愈探愈出愈研愈入愈往而不知其所窮雖生知安行之聖不癡困勉下學之功也東坡讀書不用兩徧然其在翰林讀阿房宮賦至四鼓老吏苦之坡灑然不倦嘗以一過即記遂了其事乎惟虞世南張睢陽張方平平生書不再讀迄無佳文且過輒成誦又有無所不誦之洒即賀史記

詩慎題目所作端人品厲風教也若一時無

好題目則論擇古告來今樂府舊題

儘有仿不盡安盡為之哥之字

濰縣署中寄舍弟墨第一書

讀書以過目成誦為能最是不濟事眼

中了之心下匆之方寸無多往來應接不暇

如看場中美色一眼即過與我何與也千

古過目成誦孰有如孔子者乎讀易至韋編

歷陳時事寓諫諍也陸之絕句不言兔羅織也雖以放翁詩題與少陵並列奚不可也近世詩家題目非賞花即讌集非喜晤即贈行滿紙人名某軒某園某亭某齋某樓某岩某邨某墅皆市井流俗不堪之子今日繞立別驛明日便上詩箋其題如此其詩可知其詩如此其人品又可知吾弟既從事于此可以終歲不作不可以一字苟

之大計是尚得為有人乎是尚可厚吾詩歌
而勞吾贈答乎真宜山居村居夏日秋日卻
詩債而已且國將亡必多忌諱行禁紂必曰
駕堯舜而軼湯武宋自紹興以來主和議
增歲幣送尊號處甲朝括民膏戮大
將無惡不作無陋不為百姓莫敢言喘放
翁惡得形諸篇翰以自取戾乎故杜詩之
有人誠有人也陸詩之無人誠無人也杜之

有二道武蓋安史之變天下土崩郭子儀
李光弼陳元禮王思禮之流精忠勇略冠
絕一時卒復唐之社稷在八哀詩中既略
叙其人而洗兵馬篇又復總其全數而
贊歎之少陵非苟作也南宋時君父幽囚
棲身杭越其辱與危六至矣講理學者推
極于豪釐分寸而卒無救時濟變之才在
朝諸大臣皆流連詩酒沉湎湖山不顧國

國望太平世只一開卷閱其題次一種憂國憂民怨悲怨喜之情以及宗廟邱墟開山勞戍之苦宛然在目其題如此其詩有不痛心入骨者乎至于往來贈荅杯酒淋漓皆一時豪傑有本有用之人故其詩信當時傳後世而必不可瘞放翁詩則又不然詩最多題最少不過山居村居春日秋日即事遣興而已豈放翁為詩與少陵

范縣署中寄舍弟墨第五書

作詩非難命題為難題高則詩高題矮則詩矮不可不慎也少陵詩高絕千古自不必言即其命題已早據百尺樓上矣通體不然悲舉且就一二言之哀江頭哀王孫傷亡國也新民別無家別垂老別前後出塞諸篇悲戍役也兵車行麗人行亂之始也達行在所三首慶中興也北征洗兵馬喜復

買田二百畝予兄弟二人各得百畝足矣亦古者一夫受田百畝之義也若再求多便是占人產業莫大罪過天下無田無業者多矣我獨何人貪求無猒窮民將何所措足乎或曰世上連阡越陌繫百頃有餘者子將奈何應之曰他自做他家事我自做我家事世道盛則一德遵吾風俗偷則不同為惡亦板橋之家法也哥之字

詩詠牛郎織女皆作會別可憐之語殊失命名本旨織女衣之源也牽牛食之本也在天星為最貴天顧重之而人反不重乎其務本勤民呈象昭〻可鑑矣吾邑婦人不能織紬織布然而主中饋習鍼线猶不失為勤謹近日頗有聽鼓兒詞以鬥葉為戲者風俗蕩軼亟宜戒之吾家業地雖有三百畝總是典產不可久恃將來須

忍氣吞聲以得捱人笑罵工人制器利用貿人搬有運無皆有便民之處而士獨于民大不便無怪乎居四民之末也且求居四民之末而亦不可得也愚兄生最重農夫新招佃地人必須待之以禮彼稱我為主人我稱彼為客戶主客原是對待之義我何貴而彼何賤乎要體貌他要憐憫他有所借貸要周全他不能償還要寬讓他嘗笑唐人七夕

進士作官如何攫取金錢造大房屋置多田產起手便錯走了路頭後來越做越壞總沒有箇好結果其不能發達者鄉里作惡小頭銳面更不可當夫東偕自好者堂無其人經濟自期抗懷千古者亦所在多有而好人為壞人所累遂令我輩開不得口一開口人便笑曰汝輩書生總是會說他日居官便不如此說了所以

漢世于我想天地間第一等人只有農夫而士為四民之末農夫上者種地百畝其次七八十畝其次五六十畝皆苦其身勤其力耕種收穫以養天下之人使天下無農夫舉世皆餓死矣吾輩讀書人入則孝出則弟守先待後得志澤加于民不得志修身見于世所以又高于農夫一等今則不然一捧書本便想中舉

箕製大小掃帚製升斗斛家中婦女率諸婢妾皆令習舂揄蹂簸之事便是一種靠田園長子孫氣象天寒冰凍時窮親戚朋友到門先泡一大椀炒米送手中佐以醬薑一小碟最是煖老溫貧之具暇日咽碎米餅煮糊塗粥饟手捧椀縮頸而啜之霜晨雪早得此周身俱煖嗟乎嗟乎吾其長為農夫以

然則又重爭乎後先矛盾不應至是總之腐儒之言必不可聽學者自出眼孔自臨卷骨讀書可爾乾隆九年六月

十五日哥々字

范縣署中寄舍弟墨第四書

十月二十六日得家書知新置田獲穫稼五百斛甚喜而今後堪爲農夫以沒世矣要須製碓製磨製篩羅籭

刪書斷自唐虞唐虞以前荒遠不可信也春秋起自隱公隱公以前殘缺不可考也所謂史闕文耳總是讀書要有特識依樣葫蘆無有是處而特識又不外乎至情至理歪扭亂竄無有是處人謂史記以吳太伯為世家第一伯夷為列傳第一俱重讓國但五帝本紀以黃帝為第一是戮蚩尤用兵之始

矣。又如春秋魯國之史也，使臧儒為之必自伯禽起首乃為全書，如何沒頭沒腦半路上從隱公說起殊不知聖人只要明理範世不必拘牽其簡冊可考者考之不可考者置之。如隱公并不可考便從桓莊起，亦得。或曰春秋起自隱公重讓也刪書斷自唐虞亦重讓也此與見童之見無異。試問唐虞以前天子那箇是爭來的，大率

為極氣而不知其所書尚是十之一千之一百也
嗟乎吾輩既不得志于時困守于山椒海麓
之間繡閱遺編紫為長吁浩歎或喜而歌或
悲而泣誠知書中有書書外有書則心空
明而理圓湛豈復為古人所束縛而略無
張主乎豈復為後世小儒所顛倒迷惑反
失古人真意乎雖無帝王師相之權而
進退百王屏當千古是亦足以豪而樂

至棄國與之而後已天子不能狐方伯不能討則夏殷之季世其擾攘淆亂為何如當得謂之蕩平安輯哉至于春秋一書不過因赴告之文書之以定褒貶左氏乃得依經作傳其時不赴告而背理壞道亂亡破滅者十倍于左傳而無所考即如漢陽諸姬楚實盡之諸姬是著于國楚是何年月日如何殄滅他亦尋不出證據來學者讀春秋經傳以

往矣周武王大封同異姓合前代諸侯得千八百國彼二千餘國又何往矣其時強侵弱眾暴寡刀痕箭瘡薰眼破脅奔竄兆亡無地者何可勝道特無孔子作春秋左丘明為傳記故不傳于世耳世儒不知謂春秋為極亂之世復何道兩春秋已前皆若渾〻噩〻蕩〻平〻殊甚可笑也以太王之賢聖為狄所侵必

亦窮民耳開門延入商量分惠有甚麼便拏甚麼去若一無所有便王獻之青氈尔可攜取質百錢救急也吾第當思此地為猿兔娛老之資不知可能遂願否

范縣署中寄舍弟墨第三書

禹會諸侯于塗山執玉帛者萬國至夏殷之際僅有三千彼七千者竟何

朋好友後生小子論文賦詩之所其後
住家主屋三間廚屋三間奴子屋一間
共八間俱用艸苫如此足矣清晨日當未
出望東海一片紅霞薄暮斜陽㶚樹立
院中高處便見烟水平林家中宴客
墻外人亦望見燈火南至汝家百三十
步東至小園僅一水寶為恒便或曰此
等宅居甚適只是怕盗賊不知盗賊

左右頗多隙地幼時飲酒其傍見一片荒城半隱裏柳斷橋流水破屋叢花心竊樂之若得制錢五十千便可買地一大段他日結茅有在矣吾意欲築一土廬院子門內多栽竹樹草花用碎磚鋪曲逕一條以達二門其內茅屋二間一間坐客一間作房貯圖書史籍筆墨硯瓦酒罈茶具其中為良

宗族睦親姻念故交大數既得其餘
薄里鄉黨相賙相恤汝自為之務在
金盡而止愚兄更不必頊頊矣

范縣署中寄舍弟墨第三書

吾弟所買宅嚴緊密栗處家最宜
以是天井太小見天不大愚兄心思曠遠
不樂居耳是宅此處重鸚鵡橋不過百
步鸚鵡橋至杏花樓不過三十出其

便好来往徐宗于陆白义辈是癞时同学日夕相徵逐者也犹忆谈文古庙中破廊败叶飃飃至二三鼓不去或又骑石狮子脊眷上论兵起舞纵言天下事今皆落落未遇六当分俸以敦风好凡人于文章学问辄自谓已长科名唾手雨浔不知俱是徼倖设我至今不第又何憗叶屈来岂浔以此骢倨朋友敦

麥鍋餅便是美食幼兒女爭吵每一念及真令淚欲落也汝持俸錢南歸可挨家比戶逐一般給南門六家竹橫港十八家下佃一家派雖遠亦是一脈皆當有所分惠騏驎小叔祖六安在無父無母孤兒郵中人最能欺負宜訪求而慰唁之自曾祖父至我兄弟四代親戚有久而不相識面者各贈二金以相連續此後

病況極矣頼手老弟亟當時時勸我

范縣署中寄舍弟墨

刹院寺祖墳是東門一枝大家公共的我因葬父母無地遂葬其傍得風水力成進作官數年無羔是衆人之富貴福澤我一人奪之也於心安乎不安乎可憐我東門人取魚撈蝦撐舩結網破屋中喫秕糠啜麥粥挙取荇葉蘊頭蔣角煮之旁貼蕎

人有一才一技之長一行一言之美未嘗不嘖嘖稱道袤中數千金隨手散盡處人故也至于缺陷欹危之處亦往往得之力好罵人尤好罵秀才細細想來秀才受病以是推廓不開他若推廓得開又不是秀才了且專罵秀才亦是寬區兩不上郯箇是推廓得開的年老身孤當慎曰過愛人是好處罵人是不好處東坡以此受

亦何足信吾輩存心須刻刻去澆存厚雖有惡風水必變為善地此理斷可信也後世子孫清明一塚亦祭此墓厄酒隻雞盂飯紙錢百陌著為例 雍正十三年六月十日哥哥寄

淮安舟中寄舍弟墨

以人為可憎而我亦可憎矣以人為可惡而我亦惡矣東坡一生覺得世上沒有不好的人最是他好處愚兄平生漫罵無禮然

郝家莊有墓田一塊價十二兩先君曾欲買置因有無主孤墳一座必須剷去先君曰嗟乎豈有掘人之塚以自立其塚者乎遂去之但吾家不買必有他人買者此塚仍然不保吾意欲致書郝表弟問此地下落若未售則封去十三金買以葬吾夫婦即留此孤墳以為牛眠一伴刻石示子孫永永不廢豈非先君忠厚之義而又深之乎夫堪輿家言

膾炙人口豈可得哉此所謂不燒之燒未怕秦灰
終歸孔炬耳六經之文至矣盡矣而又有至
之者渾淪磅礴淵大精微却是家常日用
禹貢洪範月令七月流火是也當刻刻尋討貫
串一刻離不得張橫渠西銘一篇巍然接六經
而作鳴呼休哉 雍正十三年五月廿四日
哥哥字
焦山雙峰閣寄舍弟墨

蔡邕獨斷皆漢儒之矱、者也雖有此零
碎道理譬之六經猶蒼蠅聲耳豈得為日
月經天江河行地哉吾弟讀書四書之上有
六經六經之下有左史荘騷賈董策畧諸
葛表章韓文杜詩雲巴只此數書終身讀
不盡終身受用不盡至如二十一史書一代々
事必不可廢然魏收藏書宋子京新唐書
簡而枯脫、宋書冗而雜欲如韓文杜詩

夫歐公不為不博兩書之能藏秘閣者亦必非無名之子錄目數卷中竟無一人一書識者此其自焚自滅為何如尚待他人舉火乎近世所存漢魏晉叢書唐宋叢書津逮秘書唐類函說郛文獻通考杜佑通典鄭樵通志之類皆卷冊浩繁不能翻刻數百年兵火之後十七八矣劉向說苑新序韓詩外傳陸賈新語楊雄太玄法言王充論衡

以來求書著書浸之每著不可及魏晉而下迄於唐宋著書者數千百家其間風雲月露之聲悖理傷道之作不可勝數常恨不得始皇而燒之而抑又不然此等書不必始皇燒彼將自燒也昔歐陽永叔讀書秘閣中見數千萬卷皆黴爛不可收拾又有書目數十卷亦爛去但存數卷而已視其人名皆不識視其書名皆未見

秦始皇燒書孔子亦燒書刪書斷自唐虞則唐虞以前孔子得而燒之矣詩三千篇存三百十一篇則二千六百八十九篇孔子亦得而燒之矣孔子燒其可燒故灰滅無所復存而存者為經身尊道隆為天下後世法始皇虎狼其心蜂蠆其性燒經滅聖欲剜天眼而濁人心故身死宗止國滅而遺經復出始皇之燒正不如孔子之燒也自漢

刻削吾不願子弟學之也褚河南歐陽率
更之書非不孤峭吾不願子孫學之也郊
寒島瘦長吉鬼語詩非不妙吾不願子孫
學之也私也非公也是日許生既白買舟繫
閣下邀看江景并遊一戲港書罷登舟
而去

　　　焦山別峰庵兩中無事書寄舍
弟墨

過之然一片怨詞滿紙悽調百川早世靈皋晚達其崎嶇屯難亦至矣皆其文之所必致也吾弟為文須想春江之妙境挹先輩之美詞令人悅心娛目自不利科名厚福澤或曰吾子論文常曰生辣曰古奧曰雕奇曰瀚遠何怨作此秀媚語余曰論文公道也訓子弟私情也豈有子弟而不願其富貴壽考者乎故韓非商鞅晁錯之夫非不

名流落魄公子皆厚贈之此其際遇何如苂正不得以夜郎為太白病先朝董思白我朝韓慕廬皆以鮮秀之筆作為制藝取重當時思翁猶是慶曆規模慕廬則一掃從前橫斜踈放愈不整齊愈覺妍妙二公並以大宗伯歸老於家享江山兒女之樂方百川靈皋先生出慕廬門下學其文而精思刻酷

字馨逸二公皆享年厚福詩人李白仙品也王維貴品也杜牧雋品也維牧皆得大名歸老輞川樊川車馬之客曰造門下維之弟有縉牧之子有荀鶴又復表、後人惟太白長流夜郎然其走馬上金鑾御手調羹貴如侍硯與崔宗之著宮錦袍游邀江上望之如神仙過揚州末匣月用朝廷金錢三十六萬兀失路

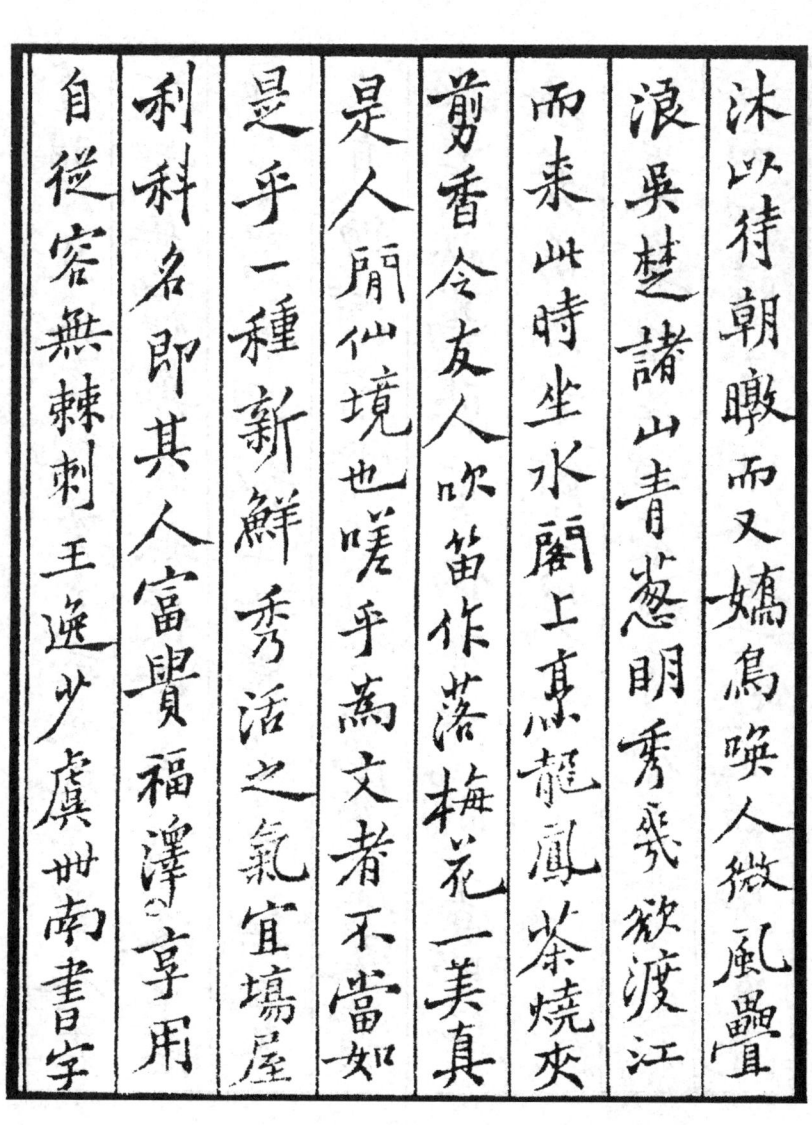

沐以待朝暾而又嬌鳥喚人微風疊浪吳楚諸山青蔥明秀飛欲渡江而來此時坐水閣上烹龍鳳茶燒夾剪香令友人吹笛作落梅花一美真是人間仙境也嗟乎萬文者不當如是乎一種新鮮秀活之氣宜壩屋利科名即其人富貴福澤享用自從容無棘刺王逸少虞世南書字

復明心見性之規秀才亦是孔子罪人不仁
不智無禮無義無復守先待後之意

秀才罵和尚和上亦罵秀才語云各
人自掃階前雪莫管他家屋瓦霜

老弟以為然否偶有所觸書以寄
汝并示無方師一笑也

儀真縣江村茶社寄舍弟

江雨初晴宿烟汲盡林花碧柳皆洗

後八百年而有漢明帝說謊說夢惹出這場事來佛實不聞不曉今不責明帝而齊聲罵佛,何辜乎況自昌黎闢佛以來孔道大明佛焰漸息帝王卿相一遵六經四子之書以為齊家治國平天下之道此時而猶言闢佛亦如同嚼蠟而已常是佛之罪人殺盜淫妄貪嗔痴利無

焦山讀書寄四弟墨

僧人徧滿天下不是西域送來的即
吾中國之父兄子弟窮而無歸入而
難返者也削去頭髮便是他留起頭
髮還是我怒眉瞋目呲為異端而深
惡痛絕之亦覺太過佛自周昭王時
下生迄怜滅度足跡未嘗履中國土
耳可哀可歎吾弟識之

用人從不書券合則留不合則去何
苦存此一席使吾後世子孫借為口實
以便苛求抑勒乎如此存心是為人處
即是為己處若事、預為把柄使人
其綱羅無能逃脫其窮愈速其禍
即來其子孫即有不可問之事不可
測之憂試看世間會打算的何曾
打算得別人一點直是算盡自家

善福滛彼善而富貴尔滛而貧賤理也庸何傷天道循環倚伏彼祖宗貧賤今當富貴尔祖宗富貴今當貧賤理也又何傷天道如此人事即在其中矣愚兄為秀才時攜家中舊書簏得前代家奴契券即於燈下焚去并不返其人咸明與之反多一番形迹增一番愧怨自我

皂隸來也一旦奮發有為精勤不
倦有及身而富貴者矣有及其子
孫而富貴者矣王侯將相豈有種
乎而一二失路名家落魄貴冑借
祖宗以欺人迨先代而自大輒曰彼何
人也反在霄漢我何人也反在涂塗
天道不可憑人事不可問嗟乎不
知此正所謂天道人事也天道福

與舍弟書十六通

興化鄭燮极柱氏著

雍正十年杭州韜光庵中寄舍弟墨

誰非黃帝堯舜之子孫而至於今日其不幸而為臧獲為婢妾為輿臺皂隸窘窮迫逼無可奈何非其數十代以前即自臧獲婢妾輿臺

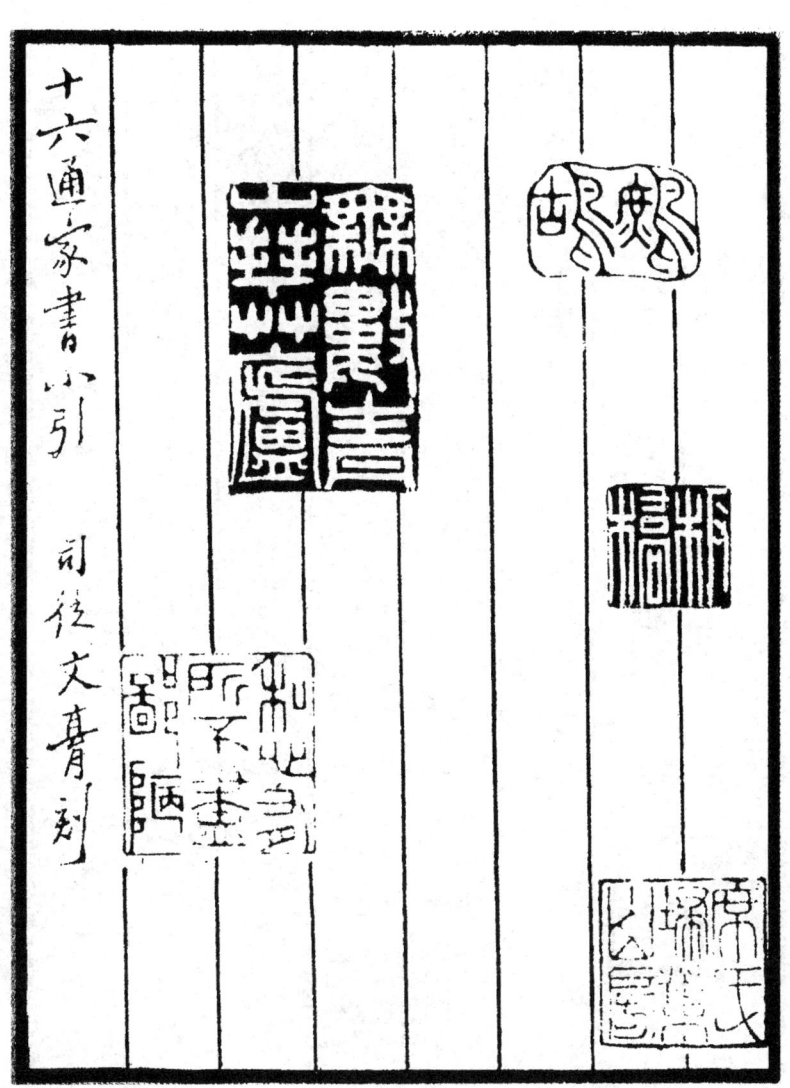

十六通家書小引

司徒文膏刻

板橋詩文最不喜求人作叙求之王公大人既以借光為可耻求之湖海名流必至倉議帶訕遭其荼毒而無可如何總不如不叙爲得也我篇家信原莫若文章有此好處大家看之如無則亦姑寘糊牆覆瓿蓋可以也

鄭燮自題

乾隆己巳

附录 十六通家书手稿影印

家藏文库书目（持续更新中）

大学　中庸	李杜诗选（上、下）
三国志选注译（上、中、下）	韩愈诗选
水经注	柳宗元诗选
唐才子传	杜牧诗选
商君书	苏轼诗文选
孔子家语	黄庭坚诗选
法言	陆游诗文选
随园食单	王阳明诗文选（上、下）
板桥杂记	花间集（上、下）
抱朴子内篇	晏殊　晏几道词选
大唐西域记（上、下）	欧阳修词选
洛阳伽蓝记	苏轼词选
地藏经　药师经	秦观词
东坡志林	周邦彦词
朱子读书法	姜夔词
武林旧事　附《增补武林旧事》	豪放词
扬州画舫录（上、下）	婉约词
徐霞客游记（上、下）	先秦散文选
曾国藩家书	唐宋散文选
梁启超家书	晚明散文选
郑板桥家书	古文辞类纂（上、下）
古诗十九首　乐府诗选	唐人小说选
阮籍诗选	牡丹亭　窦娥冤
庾信选集	西厢记　桃花扇
孟浩然诗选	喻世明言

警世通言　　　　　　　帝鉴图说
聊斋志异　　　　　　　四字鉴略
镜花缘　　　　　　　　声律启蒙　笠翁对韵
儒林外史　　　　　　　重订增广贤文　名贤集
千家诗